REFLEXIONES
DIARIAS

Alcohólicos Anónimos

Grupo: Una Luz en mi Camino

Reuniones: lunes a Domingo 8:00pm a 10:00p

para mas información llamar al: (706) 351 2886

1627 West Broad St

Athens, GA 30601

Alcohólicos Anónimos

Grupo: Una Luz en mi Camino

Reuniones: lunes a Domingo 8:00pm a 10:00p

para mas información llamar al: (706) 351 2886

1627 West Broad St

Athens, GA 30601

REFLEXIONES DIARIAS

*Un libro de reflexiones
escritas por los A.A.
para los A.A.*

Alcoholics Anonymous World Services, Inc., New York, N.Y.

REFLEXIONES DIARIAS

Primera impresión, 1991
Vigésima quinta impresión, 2019

*Esta literatura está aprobada por la
Conferencia de Servicios Generales de A.A.*

Dirección Postal:
Box 459, Grand Central Station
New York, NY 10163

www.aa.org

ISBN 978-0-916856-43-4

IMPRESO EN LOS ESTADOS UNIDOS

SB-12   10M – 4/19 (PAH)

REFLEXIONES
DIARIAS

PRÓLOGO

Este volumen tuvo su origen en una Acción Recomendable de la Conferencia de Servicios Generales de 1987, y satisface la necesidad, sentida desde hace mucho tiempo por la Comunidad, de una colección de reflexiones que van siguiendo el ritmo del calendario, un día a la vez.

En la parte superior de cada página fechada hay una cita tomada de Bill W. en *Alcohólicos Anónimos, Doce Pasos y Doce Tradiciones, A.A. Llega a su Mayoría de Edad, Como Lo Ve Bill y Lo Mejor de Bill;* del Dr. Bob en *El Dr. Bob y Los Buenos Veteranos;* y de otra literatura aprobada por la Conferencia.

A continuación de cada cita hay una reflexión personal sobre la misma, hecha por un miembro de A.A. Una solicitud que se hizo a toda la Comunidad de A.A. produjo más de 1,300 manuscritos. Los miembros de A.A. que sometieron los manuscritos seleccionados no son escritores profesionales y, naturalmente, no hablan por la Comunidad sino por ellos mismos — un miembro de A.A. dirige sus palabras a otros miembros de A.A.

Como resultado de estas colaboraciones, el libro entero se enfoca en nuestros Tres Legados de Recuperación, Unidad y Servicio; y está de acuerdo a nuestro Preámbulo, el cual establece que "A.A. no está afiliada a ninguna secta, religión, partido político, organización o institución alguna".

Bill W. escribió en el prólogo a *Como Lo Ve Bill,* que él esperaba que sus escritos pudieran "convertirse en una ayuda para la meditación individual, y un estímulo para la discusión de grupo, y... aun a guiar a una más amplia lectura de toda nuestra literatura". Nosotros no podemos encontrar unas palabras más apropiadas para servir como introducción a este libro de *Reflexiones Diarias.*

"YO SOY UN MILAGRO"

El hecho central en nuestras vidas es actualmente la certeza de que nuestro Creador ha entrado en nuestros corazones y en nuestras vidas en una forma ciertamente milagrosa. Ha empezado a realizar por nosotros cosas que nosotros no podríamos hacer solos.

ALCOHÓLICOS ANÓNIMOS, p. 25

Esta es, en verdad, una realidad de mi vida de hoy y un auténtico milagro. Yo siempre creía en Dios, pero nunca pude aplicar significativamente esta creencia en mi vida. Hoy, gracias a Alcohólicos Anónimos, ya confío en Dios y dependo de Él, como yo Lo concibo; ¡hoy, debido a esto, estoy sobrio! Aprender a confiar en Dios y a depender de Dios fue algo que nunca pude haber logrado solo. ¡Ahora creo en milagros porque yo soy un milagro!

PRIMERO, LOS CIMIENTOS

¿Es la sobriedad todo lo que podemos esperar tener de un despertar espiritual? No, la sobriedad no es sino el mero comienzo.

COMO LO VE BILL, p. 8

Practicar el programa de A.A. es como construir una casa. Primero tuve que poner una capa grande y gruesa de concreto sobre la cual erigir la casa; para mí, eso correspondió a dejar de beber. Pero es muy incómodo vivir desprotegido en una capa de concreto, expuesto al calor, al frío, al viento y a la lluvia. Así que construí un cuarto sobre la base empezando a practicar el programa. El primer cuarto era un poco tambaleante porque yo no estaba acostumbrado al trabajo. Pero con el paso del tiempo, según iba practicando el programa, aprendí a construir mejores cuartos. Mientras más practicaba y más construía, más confortable y feliz era la casa que tenía, la casa en que vivo ahora.

IMPOTENTE

Admitimos que éramos impotentes ante el alcohol; que nuestras vidas se habían vuelto ingobernables.

DOCE PASOS Y DOCE TRADICIONES, p. 19

No es una mera casualidad que el mismo Primer Paso mencione la impotencia: la admisión de impotencia personal ante el alcohol es la piedra angular de la base para la recuperación. Me he dado cuenta que no tengo el poder y el control que una vez creía tener. Soy impotente ante lo que la gente piense de mí. Soy impotente ante el hecho de haber perdido el tren. Soy impotente respecto a la forma en que otra gente trabaje (o no trabaje) en los Pasos. Pero también me he dado cuenta de que no soy impotente ante otras cosas. No soy impotente ante mis actitudes. No soy impotente ante el negativismo. No soy impotente en cuanto a asumir la responsabilidad de mi propia recuperación. Tengo el poder de ejercer una influencia positiva sobre mí mismo, sobre mis seres queridos y sobre el mundo en el que vivo.

EMPIEZA DONDE ESTÁS

*Creemos que el abstenernos de beber no es más que
el principio. Una demostración más importante de
nuestros principios nos espera en nuestros respectivos
hogares, ocupaciones y asuntos.*

ALCOHÓLICOS ANÓNIMOS, p. 19

Generalmente me resulta fácil ser agradable con
la gente en el ambiente de A.A. Mientras trabajo
por mantenerme sobrio, estoy celebrando con mis
compañeros de A.A. nuestra liberación común del
infierno de la bebida. Frecuentemente no es tan
difícil difundir buenas noticias entre mis viejos y
nuevos amigos en el programa.

Sin embargo, en el hogar o en el trabajo, eso
puede ser otro cantar. En las situaciones que se me
presentan en esas dos áreas de mi vida, las pequeñas desilusiones de la vida diaria son más evidentes y
puede ser muy difícil sonreír o llegar con una palabra
bondadosa o un oído atento. Fuera de las salas de
A.A. es donde me enfrento con la prueba real de la
eficacia de mi paseo por los Doce Pasos de A.A.

ACEPTACIÓN TOTAL

No puede concebir la vida sin alcohol. Llegará el día en que no podrá concebirla sin éste ni con éste. Entonces conocerá como pocos la soledad. Estará en el momento de dar el salto al otro lado. Deseará que llegue el fin.

ALCOHÓLICOS ANÓNIMOS, p. 152

Solamente un alcohólico puede entender el significado exacto de una declaración como ésta. El dilema que me mantenía cautivo como alcohólico activo también me llenaba de terror y confusión: "Si no me tomo un trago me voy a morir", competía con "si continúo bebiendo, esto me va a matar". Ambos pensamientos obsesivos me empujaban aun más cerca del fondo. Ese fondo produjo una total aceptación de mi alcoholismo —sin reserva alguna— y esto fue absolutamente esencial para mi recuperación. Con esto, me veía enfrentado a un dilema sin parecido a ninguna experiencia anterior; pero, como llegué a entender más tarde, era necesario enfrentarlo si había de tener éxito en este programa.

LA VICTORIA DE LA RENDICIÓN

Nos damos cuenta de que sólo por medio de la derrota total, podemos dar nuestros primeros pasos hacia la liberación y la fortaleza. La admisión de nuestra impotencia personal resulta ser a fin de cuentas la base segura sobre la que se puede construir una vida feliz y útil.

DOCE PASOS Y DOCE TRADICIONES, p. 19

Cuando el alcohol influenciaba en todas las facetas de mi vida, cuando las botellas se convirtieron en símbolos de mi libertinaje y de la satisfacción inmoderada de mis deseos, cuando me di cuenta de que, por mí mismo, no podía hacer nada para sobreponerme al poder del alcohol, me di cuenta que no tenía otro recurso que la rendición. En la rendición encontré la victoria — victoria sobre mi egoísta inmoderación, victoria sobre mi necia resistencia a la vida tal como se me había dado. Cuando dejé de pelear con todos y con todo, empecé mi caminar por el sendero de la sobriedad, de la serenidad y de la paz.

EN EL PUNTO DE CAMBIO

Las medidas parciales no nos sirvieron para nada. Estábamos en el punto de cambio. Entregándonos totalmente, le pedimos a Dios su protección y cuidado.
ALCOHÓLICOS ANÓNIMOS, p. 59

Todos los días yo me encuentro en momentos decisivos. Mis pensamientos y mis acciones pueden impulsarme hacia el desarrollo o encaminarme a las viejas costumbres y a la bebida. Algunas veces los momentos decisivos son comienzos, como cuando empiezo a encomiar, en lugar de criticar a alguien. O cuando empiezo a pedir ayuda en lugar de intentarlo solo. Otras veces los momentos decisivos son finales, tales como cuando veo claramente la necesidad de dejar de alimentar resentimientos o el egoísmo. Muchos defectos me tientan diariamente; por esto yo tengo también oportunidades diarias para darme cuenta de ellos. De una u otra manera, muchos de mis defectos de carácter aparecen diariamente: la autocondena, la ira, la evasión, la soberbia, el deseo de desquitarme y la grandiosidad.

Intentar medidas parciales para eliminar estos defectos solamente paralizan mis esfuerzos para cambiar. Solamente cuando le pido ayuda a Dios, con total entrega, llego a tener la voluntad y la capacidad para cambiar.

¿TENGO UNA OPCIÓN?

El hecho es que la mayoría de los alcohólicos, por razones que todavía son oscuras, cuando se trata de beber han perdido su capacidad para elegir. Nuestra llamada fuerza de voluntad se vuelve inexistente.

ALCOHÓLICOS ANÓNIMOS, p. 24

Mi impotencia ante el alcohol no cesa cuando yo dejo de beber. En sobriedad, yo todavía no tengo opción — no puedo beber.

La opción que *sí tengo* es la de recoger y usar el "juego de herramientas espirituales" (*Alcohólicos Anónimos,* p. 25). Cuando hago esto, mi Poder Superior me exonera de mi falta de opción — y me mantiene sobrio *un día más.* Si yo pudiera optar por *no* tomar un trago hoy, ¿qué necesidad tendría entonces de A.A. o de un Poder Superior?

UN ACTO DE LA PROVIDENCIA

Es verdaderamente horrible admitir que, con una copa en la mano, hemos deformado nuestra mente hasta tener una obsesión por beber tan destructiva que sólo un acto de la Providencia puede librarnos de ella.

DOCE PASOS Y DOCE TRADICIONES, p. 19

Para mí, el acto de la Providencia, (una manifestación de cuidado y dirección divina), ocurrió cuando yo experimentaba la quiebra total del alcoholismo activo — todo lo significativo de mi vida había desaparecido. Llamé por teléfono a Alcohólicos Anónimos y, desde ese instante, mi vida nunca ha sido la misma. Al reflexionar sobre ese momento muy especial, sé que Dios estaba trabajando en mi vida mucho antes de que yo reconociera y aceptara conceptos espirituales. Mediante este único acto de la Providencia pude quitarme de la bebida y empezar mi viaje hacia la sobriedad. Mi vida continúa desarrollándose con cuidado y dirección divina. El Paso Uno, admitir que yo era impotente ante el alcohol, y que mi vida se había vuelto ingobernable, cobra cada día más sentido para mí en la Comunidad salvadora y vivificadora de Alcohólicos Anónimos.

UNIDOS NOS MANTENEMOS

Llegamos a comprender que teníamos que admitir plenamente, en lo más profundo de nuestro ser, que éramos alcohólicos. Este es el primer paso hacia la recuperación. Hay que acabar con la ilusión de que somos como la demás gente, o de que pronto lo seremos.

ALCOHÓLICOS ANÓNIMOS, p. 30

Vine a Alcohólicos Anónimos porque ya no podía controlarme bebiendo. Puede que fuese por las quejas de mi esposa por mi costumbre de beber, o quizá porque la policía me obligaba a asistir a las reuniones de A.A. o tal vez, porque en lo más íntimo de mi propio ser, me daba cuenta de que no podía beber como las demás personas y no estaba dispuesto a admitirlo porque la alternativa me aterraba. Alcohólicos Anónimos es una comunidad de hombres y mujeres unidos contra una enfermedad común y mortal. Nuestras vidas están vinculadas unas con otras y somos como un grupo de náufragos en una balsa salvavidas en alta mar. Si trabajamos unidos, *podemos llegar sanos y salvos, a tierra firme.*

EL PASO CIEN POR CIEN

Solamente el Primer Paso, en el que admitimos sin reserva alguna que éramos impotentes ante el alcohol, se puede practicar con perfección absoluta.

DOCE PASOS Y DOCE TRADICIONES, p. 65

Mucho antes de que yo lograra la sobriedad en A.A., sabía sin duda alguna que el alcohol me estaba matando; sin embargo, aun con este conocimiento, yo era incapaz de dejar de beber. Así que, cuando me enfrenté al Paso Uno, me resultó fácil admitir que no tenía la capacidad para no tomar. ¿Pero era mi vida ingobernable? ¡Qué va! Cinco meses después de llegar a A.A., estaba bebiendo otra vez y me preguntaba por qué.

Más tarde, de regreso en A.A. y doliéndome todavía de mis heridas, llegué a darme cuenta que el Paso Uno es el único Paso que se puede dar al cien por ciento. Y la única manera de darlo completamente es darlo completo. Desde entonces, ya han pasado muchas veinticuatro horas y no he tenido que volver a dar el Primer Paso.

ACEPTAR NUESTRAS CIRCUNSTANCIAS ACTUALES

Nuestro primer problema es aceptar nuestras circunstancias actuales, tales como son, a nosotros mismos, tales como somos, y a la gente alrededor nuestro tal como es. Esto es adoptar una humildad realista, sin la cual no se puede empezar a hacer progresos. Una y otra vez, tendremos que volver a este punto de partida poco halagüeño. Es un ejercicio de aceptación que podemos practicar provechosamente cada día de nuestras vidas.

Estos reconocimientos realistas de los hechos de la vida, siempre que evitemos diligentemente convertirlos en pretextos poco realistas para la apatía y el derrotismo, pueden ofrecernos una base segura, sobre la cual se puede establecer una más estable salud emocional y, por lo tanto, un más amplio progreso espiritual.

COMO LO VE BILL, p. 44

Cuando me resulta difícil aceptar a la gente, los lugares y los acontecimientos, vuelvo a leer estos párrafos y me libran de muchos de los temores ocultos que tengo respecto a otra gente o a las circunstancias que la vida me presenta. Este pensamiento me hace posible ser humano y no perfecto, y recobrar la tranquilidad de espíritu.

NO SUCEDE DE LA NOCHE A LA MAÑANA

No estamos curados del alcoholismo. Lo que en realidad tenemos es una suspensión diaria de nuestra sentencia, que depende del mantenimiento de nuestra condición espiritual.

ALCOHÓLICOS ANÓNIMOS, p. 85

La fantasía alcohólica más común parece ser: "Con que sencillamente no beba, todo estará muy bien". Una vez que se me aclaró la niebla, vi —por primera vez— el desastre en que se había convertido mi vida. Tenía problemas familiares, económicos, legales y profesionales; tenía dudas provocadas por viejas ideas religiosas; había aspectos de mi carácter a los que tenía tendencia a hacer la vista gorda porque fácilmente me podrían haber convencido de que era un desahuciado y haberme impulsado nuevamente a escapar. El Libro Grande me servía como guía para solucionar todos mis problemas. Pero no sucedió de la noche a la mañana — ni tampoco automáticamente, sin que yo hiciera un esfuerzo. Siempre tengo que reconocer la misericordia y las bendiciones de Dios que brillan a través de cualquier problema que tenga que enfrentar.

SIN LAMENTACIONES

No nos lamentaremos por el pasado ni desearemos cerrar la puerta que nos lleva a él.

ALCOHÓLICOS ANÓNIMOS, p. 83

Una vez que logré mi sobriedad, empecé a ver el desperdicio que había sido mi vida y experimenté sentimientos sobrecogedores de culpabilidad y de arrepentimiento. Los Pasos Cuarto y Quinto del programa me ayudaron enormemente a aliviar aquellos molestos arrepentimientos. Supe que mi egocentrismo y deshonestidad retoñaban en alto grado de mi forma de beber y que yo bebía porque soy alcohólico. Ahora veo que aun mis más desagradables experiencias pueden transformarse en oro porque, como alcohólico sobrio, puedo compartirlas para ayudar a mis compañeros alcohólicos, y en particular a los recién llegados. Ahora, varios años sobrio en A.A., ya no me lamento del pasado; simplemente estoy agradecido por estar consciente del amor de Dios y por la ayuda que puedo dar a otros en la Comunidad.

UN INSOSPECHADO RECURSO INTERIOR

Con pocas excepciones, nuestros miembros encuentran que han descubierto un insospechado recurso interior, que pronto identifican con su propio concepto de un Poder superior a ellos mismos.

ALCOHÓLICOS ANÓNIMOS, p. 519

Desde mis primeros días en A.A., mientras luchaba por la sobriedad, yo encontraba esperanza en esas palabras de nuestros cofundadores. Frecuentemente meditaba sobre la frase: "nuestros miembros han descubierto un insospechado recurso interior". Me preguntaba a mí mismo, ¿cómo yo que soy tan impotente puedo encontrar el Poder dentro de mí? Con el tiempo, como los cofundadores habían prometido, caí en la cuenta: yo siempre he tenido la opción de escoger entre lo bueno y lo malo, entre generosidad y egoísmo, entre serenidad y temor. Ese Poder superior a mí mismo es una dádiva original que no llegué a reconocer hasta que no logré la sobriedad diaria a través de vivir los Doce Pasos de A.A.

TOCAR FONDO

¿Por qué tanta insistencia en que todo A.A. toque fondo primero? La respuesta es que muy poca gente tratará de practicar sinceramente el programa de A.A. a menos que haya tocado fondo. Porque la práctica de los restantes once Pasos de A.A. supone actitudes y acciones que casi ningún alcohólico que todavía bebe podría siquiera soñar en adoptar.

DOCE PASOS Y DOCE TRADICIONES, p. 22

Al tocar fondo se me abrió la mente y estuve dispuesto a probar algo diferente. Lo que probé fue A.A. Mi nueva vida en la Comunidad era como aprender a montar en bicicleta: A.A. se convirtió en mis ruedas de entrenamiento y mi mano de apoyo. No era que estaba buscando ayuda, sino simplemente que no quería volver a sufrir tanto. Mi deseo de evitar volver a tocar fondo era más fuerte que mi deseo de beber. Al principio eso era lo que me mantenía sobrio. Pero con el tiempo me encontraba trabajando en los Pasos lo mejor que podía. Pronto me di cuenta de que mis actitudes y acciones estaban cambiando — aunque fuera ligeramente. Un Día a la Vez, llegué a sentirme cómodo conmigo mismo y con otros, y las heridas empezaban a sanar.

LA FELICIDAD LLEGA QUEDAMENTE

El problema que teníamos los alcohólicos era éste: Exigíamos que el mundo nos diera felicidad y tranquilidad de espíritu exactamente en la forma en que nos conviniera obtenerlas — por medio del alcohol. Y no tuvimos éxito. Pero cuando dedicamos algún tiempo a enterarnos de algunas de las leyes espirituales y a familiarizarnos con ellas, y a ponerlas en práctica, entonces obtenemos felicidad y tranquilidad de espíritu… Parece que hay algunas reglas que tenemos que cumplir, pero la felicidad y la tranquilidad de espíritu siempre están allí, a la libre disposición de cualquiera.

EL DR. BOB Y LOS BUENOS VETERANOS, p. 323

La simplicidad del programa de A.A. me enseña que la felicidad no es algo que yo pueda exigir. Me llega muy quedamente mientras sirvo a otros. Al ofrecer mi mano al recién llegado o a alguien que ha recaído, veo que mi propia sobriedad ha sido reforzada con una indescriptible gratitud y felicidad.

¿TE AYUDARÍA UN TRAGO?

Al repasar nuestros historiales de bebedores, podíamos demostrar que, años antes de darnos cuenta, ya estábamos fuera de control, que incluso entonces nuestra forma de beber no era un simple hábito, sino que en verdad era el comienzo de una progresión fatal.

DOCE PASOS Y DOCE TRADICIONES, p. 21

Cuando yo todavía estaba bebiendo, no podía responder a cualquier situación de la vida como lo hacía otra gente más sana. El más pequeño de los incidentes me producía un estado de ánimo tal que creía necesario tomarme un trago para adormecer mis sentimientos. Pero el adormecimiento no mejoraba la situación, así que tenía que buscar nuevo escape en la botella. Hoy tengo que estar consciente de mi alcoholismo. No puedo darme el lujo de creer que yo he adquirido control sobre mi forma de beber — o pensar otra vez que he reconquistado el control de mi vida. Tal sentimiento de control es fatal para mi recuperación.

FE A TODA HORA

La fe tiene que operar en y a través de nosotros las veinticuatro horas del día, o de lo contrario pereceremos.

ALCOHÓLICOS ANÓNIMOS, p. 16

La esencia de mi espiritualidad, y de mi sobriedad, descansa en una fe que dura las veinticuatro horas de cada día, fe en un Poder Superior. Tengo que confiar en el Dios de mi entendimiento y tenerlo siempre presente según sigo adelante con mis actividades diarias. ¡Qué reconfortante es para mí la idea de que Dios obra en y por medio de la gente! Al hacer una pausa en mi rutina cotidiana, ¿traigo a la memoria ejemplos concretos y particulares de la presencia de Dios? ¿Me siento maravillado e inspirado por la multitud de veces en las que este poder se pone de manifiesto? Estoy rebosante de gratitud por la presencia de Dios en mi vida de recuperación. De no tener esta fuerza omnipotente en todas mis actividades, volvería a hundirme en el abismo de mi enfermedad — y la muerte.

"HACEMOS UNA PAUSA... Y PEDIMOS"

A medida que transcurre el día, hacemos una pausa si estamos inquietos o en duda, y pedimos que se nos conceda la idea justa o la debida manera de actuar.

ALCOHÓLICOS ANÓNIMOS, p. 87-88

Humildemente le pido hoy a mi Poder Superior que me dé la gracia de encontrar el espacio entre mi impulso y mi acción; que deje correr una brisa refrescante cuando yo respondería acaloradamente; que interrumpa la fiereza con una paz apacigua-dora; que posibilite que la crítica se convierta en criterio; que el silencio se anteponga cuando mi lengua se apuraría a atacar o a defender.

Prometo velar por cualquier oportunidad de volverme hacia mi Poder Superior en busca de guía. Yo sé dónde está este poder: reside dentro de mí, tan claro como un arroyo de la montaña, oculto entre las lomas — este es el insospechado Recurso Interior.

Doy gracias a mi Poder Superior por este mundo de luz y de verdad que veo cuando le dejo que dirija mi visión. Hoy confío en Él y espero que Él confíe en que yo voy a hacer todo esfuerzo para encontrar hoy el pensamiento propicio o la acción apropiada.

SERVIR A MI HERMANO

El miembro A.A. le habla al recién llegado no con un espíritu de poder sino con un espíritu de humildad y debilidad.

A.A. LLEGA A SU MAYORÍA DE EDAD, p. 279

Según pasan los días en A.A., le pido a Dios que dirija mis pensamientos y las palabras que digo. En esta labor de participación continua en la Comunidad, se me presentan muchas oportunidades de hablar. Así que suelo pedir a Dios que me ayude a vigilar mis pensamientos y mis palabras, para que sean un fiel y apropiado reflejo de nuestro programa; a enfocar de nuevo mis aspiraciones en la búsqueda de su orientación; que me ayude a ser verdaderamente amoroso y bondadoso, útil y consolador y, no obstante, siempre lleno de humildad y despejado de toda arrogancia.

Tal vez hoy tenga que enfrentar las palabras o actitudes desagradables típicas del alcohólico que aún sufre. Si esto ocurriera, haré una pausa para centrarme en Dios, para así poder reaccionar desde una perspectiva de compostura, fortaleza y sensibilidad.

"MANTENGÁMOSLO SIMPLE"

Algunas horas después me despedí del Dr. Bob…
Su maravillosa y amplia sonrisa estaba en su rostro
cuando me dijo casi de broma, "Recuerda, Bill, no
estropeemos esta cosa. ¡Mantengámoslo simple!" Yo
salí sin poder pronunciar una palabra. Esa fue la úl-
tima vez que lo vi.

A.A. LLEGA A SU MAYORÍA DE EDAD, p. 214

Después de años de sobriedad, de vez en cuando
me pregunto a mí mismo: "¿Es posible que sea tan
sencillo?" Luego, en las reuniones, veo a los escép-
ticos y a los desengañados de años pasados que
han logrado salir del infierno siguiendo el camino
de A.A., dividiendo sus vidas, sin alcohol, en seg-
mentos de 24 horas, durante las cuales practican
unos cuantos principios lo mejor que pueden. Y de
nuevo me doy cuenta de que, aunque no sea siempre
fácil hacerlo, si lo mantengo sencillo, funciona.

¿YA TE ESTÁS DIVIRTIENDO?

… no somos una partida de malhumorados. Si los recién llegados no pudieran ver la alegría y el gozo que hay en nuestra vida, no la desearían. Tratamos de no caer en el cinismo en lo que se refiere a la situación de las naciones y de no llevar sobre nuestros hombros las dificultades del mundo.

ALCOHÓLICOS ANÓNIMOS, p. 132

Cuando mi casa está en orden, los distintos aspectos de mi vida me resultan más manejables. Despojado del manto de culpa y remordimientos que encubría mis años de bebedor, me veo en la libertad de desempeñar el papel que me corresponde en el universo; pero esta condición requiere mantenimiento. Debo parar a preguntarme, *¿Ya me estoy divirtiendo?* Si me resulta difícil o penoso responder a esta pregunta, tal vez me tome demasiado en serio — y me resulte difícil admitir que me he desviado de la práctica de trabajar en el programa para mantener mi casa en orden. Me parece que los dolores que experimento son una forma en la que mi Poder Superior me llama la atención, urgiéndome a que evalúe mi actuación. El poco tiempo y esfuerzo que cuesta trabajar en el programa —por ejemplo, hacer un inventario o hacer reparaciones, lo que sea apropiado— te compensa con creces.

LA PARTICIPACIÓN

Hay acción y más acción. "La fe sin obras es fe muerta"… Ser útiles es nuestro único propósito.

ALCOHÓLICOS ANÓNIMOS, p. 88-89

Ya sé que el servicio es una parte vital de la recuperación, pero frecuentemente me pregunto, "¿qué puedo hacer yo?" ¡Simplemente empezar con lo que tengo hoy! Miro a mi alrededor para ver dónde hay una necesidad. ¿Están llenos los ceniceros? ¿Tengo yo pies y manos para vaciarlos y limpiarlos? ¡De repente me veo participando! El mejor orador puede hacer el peor café; el miembro que es mejor con los recién llegados puede que no sepa leer; el que esté deseoso de hacer la limpieza puede que haga un desbarajuste con la cuenta del banco — sin embargo, cada una de estas personas y de estos oficios son esenciales para un grupo activo. El milagro del servicio es éste: Cuando yo uso lo que tengo, me encuentro provisto de más de lo que nunca hubiera podido sospechar.

UNOS A OTROS — LO QUE NECESITAMOS

… A.A. dice a todo verdadero bebedor, "Tú eres miembro de A.A., si tú lo dices… nadie puede prohibirte la entrada."

DOCE PASOS Y DOCE TRADICIONES, p. 135

Durante muchos años, cuando reflexionaba sobre la Tercera Tradición ("El único requisito para ser miembro de A.A. es querer dejar de beber"), me parecía ser de valor solamente para los principiantes. Les servía como garantía de que nadie les podría excluir de A.A. Hoy me siento profundamente agradecido por el desarrollo espiritual que esta Tradición me ha traído. No voy buscando a la gente claramente diferente a mí. La Tercera Tradición, que hace resaltar la única forma en que la otra gente y yo nos parecemos, me ha hecho posible conocer y ayudar a todo tipo de alcohólico, quienes igualmente me han ayudado a mí. Carlota, una atea, me enseñó un más alto criterio del honor y de la ética; Carlos, que es de otra raza, me enseñó la paciencia; Patricio, un homosexual, me conducía por su ejemplo a la verdadera compasión; la joven María dice que el verme en las reuniones, con treinta años de sobriedad, le hace seguir volviendo. La Tercera Tradición aseguraba que se satisfaría lo que necesitábamos — los unos a los otros.

RIGUROSA HONESTIDAD

¿Quién quiere ser rigurosamente honrado y tolerante? ¿Quién quiere confesar sus faltas a otra persona y reparar los daños causados? ¿A quién le interesa saber de un Poder Superior, sin mencionar la meditación y la oración? ¿Quién quiere sacrificar tiempo y energía intentando llevar el mensaje de A.A. al que todavía sufre? No, al alcohólico típico, extremadamente egocéntrico, no le interesa esta perspectiva — a menos que tenga que hacer estas cosas para conservar su propia vida.

DOCE PASOS Y DOCE TRADICIONES, p. 22

Yo soy alcohólico. Si bebo me moriré. ¡Santo Cielo, qué poder, qué energía y qué emoción genera en mí esta simple declaración! Pero realmente, es todo lo que yo necesito saber hoy. ¿Estoy deseoso de permanecer vivo hoy? ¿Estoy dispuesto a mantenerme sobrio hoy? ¿Estoy dispuesto a pedir ayuda y estoy dispuesto a dar ayuda a otro alcohólico que esté sufriendo hoy? ¿Me doy cuenta de la naturaleza mortal de mi situación? ¿Qué debo hacer hoy, para permanecer sobrio?

LIBERADO DE LA CULPA

En lo que respecta a otra gente, teníamos que elimi-nar la palabra "culpa" de nuestro vocabulario y de nuestros pensamientos.

DOCE PASOS Y DOCE TRADICIONES, p. 44

Cuando llego a estar dispuesto a aceptar mi propia impotencia, empiezo a darme cuenta de que el echarme a mí mismo la culpa de todos los problemas de mi vida puede ser una especie de engreimiento que me precipitaría nuevamente a la desesperación. El pedir ayuda y escuchar atentamente los mensajes inherentes en los Pasos y en las Tradiciones, hacen posible cambiar esas actitudes que retardan mi recuperación. Antes de unirme a A.A. tenía tal deseo de aprobación por parte de personas en posición de poder, que estaba dispuesto hasta sacrificarme a mí mismo y a otros para ganarme un puesto en el mundo. Invariablemente fracasaba. En el programa tengo verdaderos amigos que me aman, que me entienden, que se interesan en ayudarme a descubrir la verdad acerca de mí mismo. Con la ayuda de los Doce Pasos, yo estoy capacitado para construirme una mejor vida, libre de culpabilidad y de necesidad de autojustificación.

EL TESORO DEL PASADO

El mostrarle a otros que sufren cómo se nos ayudó, es precisamente lo que hace ahora que la vida nos parezca de tanto valor. Confíe en la idea de que el tenebroso pasado, estando en manos de Dios, es su más preciada posesión, clave de la vida y de la felicidad de otros. Con ella puede usted evitarles a otros la muerte y el sufrimiento.

ALCOHÓLICOS ANÓNIMOS, p. 124

Qué regalo es para mí darme cuenta de que todos aquellos años de aparente inutilidad, no fueron desperdiciados. Las experiencias más degradantes y humillantes acaban convirtiéndose en las herramientas más poderosas para ayudar a otros a recuperarse. Por conocer las profundidades de la vergüenza y de la desesperación, puedo ofrecerles una mano cariñosa y compasiva y saber que la gracia de Dios está siempre a mi alcance.

LA ALEGRÍA DE COMPARTIR

La vida tendrá un nuevo significado. Ver a las personas recuperarse, verlas ayudar a otras, ver cómo desaparece la soledad, ver una comunidad desarrollarse a tu alrededor, tener una multitud de amigos — ésta es una experiencia que no debes perderte. Sabemos que no querrás perdértela. El contacto frecuente con recién llegados y entre unos y otros es la alegría de nuestras vidas.

ALCOHÓLICOS ANÓNIMOS, p. 89

Saber que todo recién llegado con quien yo comparta tiene la oportunidad de experimentar el alivio que he encontrado en esta Comunidad, me llena de alegría y gratitud. Siento que todas las cosas descritas en A.A. les sucederán a ellos, así como me han sucedido a mí, si ellos aprovechan la oportunidad y abrazan el programa de todo corazón.

LIBRE DE... LIBRE PARA

Vamos a conocer una nueva libertad...

ALCOHÓLICOS ANÓNIMOS, p. 83

Para mí el ser libre significa tanto la *liberación de* como la *libertad para*. Primero disfruto de la liberación de la esclavitud del alcohol. ¡Qué alivio! Luego, empiezo a experimentar la *liberación del* temor — temor a la gente, a la inseguridad económica, al compromiso, al fracaso, al rechazo. Entonces, empiezo a disfrutar de la *libertad para* — la libertad para *optar por* la sobriedad, para ser quien soy, para expresar mi opinión, para experimentar la paz del espíritu, para amar y ser amado, y la libertad para desarrollarme espiritualmente. Pero ¿cómo puedo ganar estas libertades? El Libro Grande dice claramente que aun antes de hacer la mitad de mis reparaciones empezaré a conocer una "nueva" libertad, que no es la vieja libertad para hacer lo que más me complaciera, sin consideración alguna de los demás, sino una nueva libertad que hace posible que las promesas de mi vida se hagan realidad. ¡Qué alegría ser libre!

NUESTRO BIENESTAR COMÚN TIENE LA PREFERENCIA

La unidad de Alcohólicos Anónimos es la cualidad más preciada que tiene nuestra Sociedad.... O nos mantenemos unidos, o A.A. muere.

DOCE PASOS Y DOCE TRADICIONES, p. 125

Nuestras Tradiciones son los elementos clave en el proceso de desinflar el ego necesario para lograr y mantener la sobriedad de Alcohólicos Anónimos. La Primera Tradición me recuerda que no debo atribuirme el mérito ni la autoridad por mi recuperación. El anteponer a todo nuestro bienestar común me recuerda no convertirme en un curandero en este programa; yo soy todavía uno de los pacientes. Modestos veteranos construyeron la sala del hospital. Sin ella, yo dudo que estuviera vivo. Sin el grupo, pocos alcohólicos se recuperarían.

Mi participación activa en una renovada entrega de la voluntad me hace posible alejarme de la necesidad de dominar y del deseo de reconocimiento, los cuales desempeñaron un papel muy significativo en mi alcoholismo activo. Supeditar mis deseos personales al desarrollo del grupo contribuye a la unidad de A.A. que es crucial para toda recuperación. Contribuye a que tenga presente que el total es mayor que la suma de sus partes.

META: LA CORDURA

"...el Segundo Paso, sutil y gradualmente, empezó a infiltrarse en mi vida. No puedo fijar ni la ocasión ni el día preciso en que llegué a creer en un Poder superior a mí mismo, pero sin duda ahora tengo esa creencia".

DOCE PASOS Y DOCE TRADICIONES, p. 25

"¡Llegué a creer!" Yo hablaba de mi creencia cuando me daba la gana o cuando pensaba que quedaría bien. No confiaba realmente en Dios. No creía que Él se preocupara por mí. Seguía tratando de cambiar las cosas que no podía cambiar. Gradualmente, con desgana, empecé a entregárselo todo, diciendo: "Tú que eres tan omnipotente, hazte cargo de ello". Y Él lo hizo. Empecé a obtener soluciones a mis problemas más difíciles, algunas veces en el momento más inesperado: manejando al trabajo, mientras estaba almorzando, o cuando estaba profundamente dormido. Me di cuenta de que yo no había pensado en aquellas soluciones — un Poder más grande que yo me las había dado. Llegué a creer.

RESCATADO POR LA RENDICIÓN

Característico del alcohólico típico es un narcisismo y egoísmo central, dominado por sentimientos de impotencia, resuelto a guardar su integridad interna cueste lo que cueste…. En su fuero interno, el alcohólico no tolera el control de parte de otro ser humano ni de Dios. Él mismo tiene que ser dueño de su propio destino. Luchará hasta la muerte para preservar esta condición.

A.A. LLEGA A SU MAYORÍA DE EDAD, p. 311

El gran misterio es: "¿Por qué algunos de nosotros morimos de muerte alcohólica, luchando por conservar la 'independencia' de nuestro ego, mientras otros parecen lograr la sobriedad en A.A. sin ningún esfuerzo?" La ayuda de un Poder Superior, el regalo de la sobriedad, me llegó cuando un inexplicable deseo de dejar de beber coincidió con mi disposición de aceptar sugerencias de hombres y mujeres de A.A. Yo tuve que rendirme porque sólo podía ser rescatado pidiendo la ayuda de Dios y de mis compañeros.

LLENAR EL VACÍO

Solamente necesitábamos hacernos una breve pregunta: "¿Creo ahora, o estoy dispuesto a creer siquiera, que hay un Poder superior a mí mismo?" Tan pronto como una persona pueda decir que cree o que está dispuesta a creer, podemos asegurarte enfáticamente que ya va por buen camino.

ALCOHÓLICOS ANÓNIMOS, p. 47

A mí siempre me fascinó el estudio de los principios científicos. Dios y la espiritualidad eran ejercicios académicos sin ningún significado. Era un hombre de ciencia moderno, el conocimiento era mi Poder Superior. Dado el correcto conjunto de ecuaciones, la vida era solamente otro problema que resolver. Sin embargo, mi ser interior se estaba muriendo por la solución propuesta por mi ser exterior a los problemas de la vida y la solución siempre fue el alcohol. A pesar de mi inteligencia, el alcohol se convirtió en mi Poder Superior. Por el amor incondicional que emanaba de la gente y reuniones de A.A. me fue posible descartar al alcohol como mi Poder Superior. El vacío inmenso se llenó. Ya no me sentía solo y apartado de la vida. Había encontrado el amor de Dios. Hay solamente una ecuación que realmente me importa ahora: Dios está en A.A.

CUANDO FALTA LA FE

A veces el programa de A.A. les resulta más difícil a aquellos que han perdido o han rechazado la fe que a aquellos que nunca la han tenido, porque creen que ya han probado la fe y no les ha servido de nada. Han probado el camino de la fe y el camino de la incredulidad.

DOCE PASOS Y DOCE TRADICIONES, p. 26

Tan convencido estaba de que Dios me había fallado que acabé tomando una actitud desafiante, aunque sabía que no debía hacerlo, y me lancé a una última parranda. Mi fe se volvió amarga y eso no fue por una mera casualidad. Aquellos que una vez tuvieron gran fe tocan fondo con más fuerza. Aunque me uní a A.A., tardaba tiempo en reavivar mi fe. Intelectualmente estaba agradecido por haber sobrevivido una caída tan vertiginosa, pero me sentía todavía duro de corazón. No obstante, seguía ateniéndome al programa de A.A.: las alternativas me parecían demasiado lúgubres. Seguía asistiendo a las reuniones y, poco a poco, iba renaciendo mi fe.

GLORIOSA LIBERACIÓN

"En el instante en que dejé de debatir, pude empezar a ver y sentir. En ese momento, el Segundo Paso, sutil y gradualmente, empezó a infiltrarse en mi vida. No puedo fijar ni la ocasión ni el día preciso en que llegué a creer en un Poder superior a mí mismo, pero sin duda ahora tengo esa creencia. Para llegar a tenerla, sólo tenía que dejar de luchar y ponerme a practicar el resto del programa de A.A. con el mayor entusiasmo posible".

DOCE PASOS Y DOCE TRADICIONES, p. 25

Después de haberme entregado durante años a la "desenfrenada obstinación", el Segundo Paso fue para mí una gloriosa liberación de estar a solas. Ahora no encuentro en mi camino nada demasiado penoso, o que no se pueda superar. Siempre hay alguien aquí para compartir conmigo las cargas de la vida. El Segundo Paso llegó a ser una forma de reforzar mi relación con Dios, y ahora me doy cuenta de que mi locura y mi ego estaban curiosamente vinculados. Para quitarme de aquélla, tengo que entregar éste a uno mucho más ancho de hombros que yo.

UN PUNTO DE CONVERGENCIA

Por lo tanto, el Segundo Paso es el punto de convergencia para todos nosotros. Tanto si somos ateos, agnósticos, o antiguos creyentes, podemos estar unidos en este Paso.

DOCE PASOS Y DOCE TRADICIONES, p. 31

Yo siento que A.A. es un programa inspirado por Dios y que Dios está en todas las reuniones de A.A. Yo veo, creo y he llegado a saber que A.A. funciona, porque yo me he mantenido sobrio hoy. Asistiendo a una reunión de A.A. yo entrego mi vida a A.A. y a Dios. Si Dios está en mi corazón y en el de todos los demás, entonces yo soy parte de un todo y no soy único. Si Dios está en mi corazón y me habla a través de otra gente, entonces yo debo ser un canal de Dios para otra gente. Yo debo tratar de cumplir con Su voluntad viviendo conforme a principios espirituales y mi recompensa será el sano juicio y la sobriedad emocional.

UN SENDERO HACIA LA FE

La verdadera humildad y amplitud de mente pueden llevarnos a la fe, y cada reunión de A.A. es un seguro testimonio de que Dios nos devolverá el sano juicio, si nos relacionamos de la forma debida con Él.

DOCE PASOS Y DOCE TRADICIONES, p. 31

Como resultado de mi última borrachera acabé en el hospital totalmente destrozado. Fue entonces cuando pude ver mi pasado flotar ante mis ojos. Me di cuenta de que, a causa de la bebida, había vivido toda pesadilla que me pudiera haber imaginado. Mi propia obstinación y obsesión de beber me habían llevado a un abismo negro de alucinaciones, lagunas mentales y desesperación. Finalmente derrotado, pedí a Dios que me ayudara. Su presencia me convenció para que creyera. Se me quitó la obsesión de la bebida y, desde entonces, he sido librado de mi paranoia. Ya no tengo miedo. Ya sé que mi vida es sana y cuerda.

CÓMO CONVENCER AL "SR. HYDE"

Aun cuando nos esforzamos por aferrarnos, puede que la paz y la alegría sigan eludiéndonos. Y este es el punto al que hemos llegado tantos veteranos de A.A. Y es un punto literalmente infernal. ¿Cómo se puede armonizar nuestro inconsciente —de donde surgen todavía tantos de nuestros temores, obsesiones y falsas aspiraciones— con lo que realmente creemos, sabemos y queremos? Nuestra principal tarea es cómo convencer a nuestro mudo, rabioso y oculto "Sr. Hyde".

EL LENGUAJE DEL CORAZÓN, p. 236-237

La asistencia asidua a las reuniones, el servir y ayudar a otros es la receta que muchos han probado y que les ha resultado eficaz. Cuando me desvío de estos principios, brotan de nuevo mis costumbres del pasado y reaparece mi viejo ser con todos sus temores y defectos. La meta final de todos los miembros de A.A. es la sobriedad permanente, lograda un día a la vez.

CAPTAR EL "ASPECTO ESPIRITUAL"

*Con mucha frecuencia, sentados en las reuniones de
A.A., oímos decir al que habla, "Pero yo no he cap-
tado todavía el aspecto espiritual". Antes de decirlo,
había descrito un milagro de transformación que le
había sucedido a él — no solamente su liberación del
alcohol, sino también un cambio completo de su total
actitud respecto a la vida y a la manera de vivirla.
A casi todos los presentes, les resulta evidente que
él ha recibido un gran regalo... "¡aunque parece no
saberlo aún!" Bien sabemos que este individuo nos
dirá dentro de seis meses o un año que ha encontrado
la fe en Dios.*

EL LENGUAJE DEL CORAZÓN, p. 275

Una experiencia espiritual puede ser el darse cuenta
de que una vida que en el pasado parecía vacía y
desprovista de significado, es ahora alegre y completa. Hoy en mi vida, la oración y meditación diarias, aparejadas con vivir los Doce Pasos, me han
traído paz interior y un sentimiento de pertenecer
que me faltaba cuando estaba bebiendo.

YO NO DIRIJO EL ESPECTÁCULO

Cuando nos volvimos alcohólicos, aplastados por una crisis que nosotros mismos nos habíamos impuesto y que no podíamos posponer o evadir, tuvimos que encarar sin ningún temor el dilema de que Dios lo es todo o de otra manera Él no es nada. Dios es, o no es. ¿Qué íbamos a escoger?

ALCOHÓLICOS ANÓNIMOS, p. 53

Hoy mi elección es Dios. Él es todo. Por esto estoy verdaderamente agradecido. Cuando pienso que estoy dirigiendo el espectáculo estoy separando a Dios de mi vida. Yo oro para poder recordar esto cuando me dejo atrapar en mi egoísmo. Lo más importante es que hoy yo esté deseoso de desarrollarme espiritualmente y que Dios sea todo. Cuando estaba tratando de dejar de beber por mi propia cuenta, nunca pude; con Dios y con A.A. está dando resultados. Esto parece ser un simple pensamiento para un alcohólico complicado.

LOS LÍMITES DE LA CONFIANZA
EN UNO MISMO

Nos preguntamos por qué los teníamos (temores). ¿No era porque la confianza en nosotros mismos nos había fallado?

ALCOHÓLICOS ANÓNIMOS, p. 68

Todos mis defectos de carácter me separan de la voluntad de Dios. Cuando ignoro mi relación con Él, me encuentro solo enfrentado al mundo y a mi alcoholismo y no me queda otro recurso que la confianza en mí mismo. Yo nunca he encontrado seguridad y felicidad por medio de la obstinación y el único resultado obtenido es una vida de temor y descontento. Dios me enseña la senda por la que puedo volver a Él y a Su dádiva de serenidad y bienestar. Sin embargo, yo debo estar dispuesto primero a reconocer mis temores y a entender su origen y el poder que tienen sobre mí. Frecuentemente le pido a Dios que me ayude a entender cómo me separo de Él.

LA RAÍZ DE NUESTRAS DIFICULTADES

*¡Egoísmo — concentración en sí mismo! Creemos que
ésta es la raíz de nuestras dificultades.*

ALCOHÓLICOS ANÓNIMOS, p. 62

Qué asombrosa es la revelación que el mundo, y
todos sus habitantes, pueden arreglárselas bien
conmigo o sin mí. Qué alivio el saber que la gente,
las cosas y los lugares estarán perfectamente bien
sin mi control y dirección. Y qué indeciblemente
maravilloso llegar a creer que un Poder superior a
mí mismo existe aparte e independientemente de mí
mismo. Creo que desaparecerá algún día la impresión que experimento de separación entre Dios y
yo. Mientras tanto, la fe ha de servir como la senda
hacia el centro de mi vida.

NO PODEMOS LOGRAR LA SOBRIEDAD SÓLO CON EL PENSAMIENTO

Al hombre o a la mujer intelectualmente autosufi-cientes, muchos A.A. les pueden decir: "Sí, éramos como tú — nos pasábamos de listos… Creíamos que podíamos flotar por encima del resto de la humanidad debido únicamente a nuestra capacidad cerebral".

COMO LO VE BILL, p. 60

Ni el más brillante cerebro puede defendernos contra la enfermedad del alcoholismo. No puedo lograr mi sobriedad con el solo poder de mi pensa-miento. Trato de tener presente que la inteligencia es un atributo dado por Dios que puedo aprovechar — una felicidad, como tener dotes para el baile o el dibujo o la carpintería. No hace que yo sea mejor que otra persona, y no es un instrumento de recupe-ración en que se pueda confiar mucho, porque es un poder superior a mí mismo el que me devolverá el sano juicio — y no un alto cociente de inteligencia ni un título de la universidad.

ESPERANZAS Y EXIGENCIAS

Graba en la conciencia de cada individuo el hecho de que se puede poner bien a pesar de cualquier otra persona. La única condición es que confíe en Dios, y haga una limpieza de su interior.

ALCOHÓLICOS ANÓNIMOS, p. 98

En nuestras reuniones a menudo tratamos del tema de las esperanzas. No tiene nada de malo esperar progresos de mí mismo, buenas cosas de la vida o buen trato por parte de otra gente. Lo malo está en dejar que mis esperanzas se conviertan en exigencias. No lograré ser lo que quiero ser, y las situaciones se desarrollarán de tal manera que no me complacerán, porque la gente de vez en cuando me fallará. La única pregunta es: "¿Qué voy a hacer al respecto?" ¿Sumirme en la ira o en la lástima de mí mismo? ¿Vengarme y hacer que la situación vaya de mal en peor? O, ¿confiaré en el poder de Dios para traerme bendiciones a los líos en los que me encuentre? ¿Le preguntaré a qué debo dedicarme a aprender? ¿Sigo haciendo las debidas cosas que yo sé hacer, sea lo que sea? ¿Me tomo la molestia de compartir mi fe y mis bendiciones con otras personas?

PONERSE EN ACCIÓN

¿Son estas promesas extravagantes? No lo creemos. Están cumpliéndose entre nosotros — a veces rápidamente, a veces lentamente, pero siempre se realizarán si trabajamos para obtenerlas.

ALCOHÓLICOS ANÓNIMOS, p. 84

Una de las cosas más importantes que A.A. me ha dado, además de mi liberación de la bebida, es la capacidad para actuar "apropiadamente". Dice que las promesas *siempre* se realizarán si *trabajo* para obtenerlas. Soñar con ellas, discutir sobre ellas, predicar acerca de ellas, fingirlas, simplemente no da resultados. Seguiré siendo un borracho seco, miserable y racionalizador. Poniéndome en acción y trabajando en los Doce Pasos en todos mis asuntos, tendré una vida que ni en mis sueños dorados me hubiera podido imaginar.

EL COMPROMISO

La comprensión es la clave de las actitudes y los principios correctos, y las acciones correctas son la clave del buen vivir…

DOCE PASOS Y DOCE TRADICIONES, p. 122

Llegó un momento en mi programa de recuperación en que la tercera línea de la Oración de la Serenidad —"la sabiduría para reconocer la diferencia"— quedó impresa indeleblemente en mi mente. Desde aquel momento, tenía que enfrentarme con esta conciencia de que todas mis acciones, todas mis palabras y todos mis pensamientos estaban dentro o fuera de los principios del programa. Ya no podía ampararme en las racionalizaciones ni en la locura de mi enfermedad. La única línea de acción que tenía abierta, si iba a llegar a una vida feliz para mí mismo (y para mis seres queridos) era la de obligarme a mí mismo a hacer un esfuerzo para comprometerme y ser disciplinado y responsable.

EL AMOR EN SUS OJOS

Algunos de nosotros no queremos creer en Dios, otros no podemos creer, y hay otros que, aunque creen en Dios, no confían en que Él haga este milagro.

DOCE PASOS Y DOCE TRADICIONES, p. 23

Los cambios que yo veía en la gente nueva que llegaba a la Comunidad eran lo que me ayudaba a perder mis temores y transformar mi actitud negativa en positiva. Podía ver el amor en sus ojos y estaba impresionado por la gran importancia que para ellos tenía su sobriedad de "Un Día a la Vez". Honradamente habían considerado el Segundo Paso y llegaron a creer que un poder superior a ellos mismos estaba devolviéndoles el sano juicio. Esto me infundía fe en la Comunidad y la esperanza de que podría funcionar para mí también. Llegué a darme cuenta de que Dios era un Dios bondadoso y no aquel Dios castigador a quien había temido antes de unirme a A.A. Además, me di cuenta de que Él había estado conmigo en todas esas ocasiones que estuve en dificultades antes de llegar a A.A. Hoy yo sé que fue Él quien me condujo a A.A. y que yo soy un milagro.

CADA UNO SIGUE SU PROPIO CAMINO

... lo único que tuvimos que hacer fue tomar el simple juego de instrumentos espirituales que ponían en nuestras manos.

ALCOHÓLICOS ANÓNIMOS, p. 25

Mi primer intento con los Pasos fue por obligación y necesidad, lo cual resultó en un profundo sentimiento de desconsuelo al frente de esos adverbios: inmediatamente; completamente; humildemente; directamente; y solamente. Yo consideraba afortunado a Bill W. por haber tenido esa grande y aun sensacional experiencia espiritual. A medida que pasaba el tiempo yo tendría que descubrir que el sendero que yo seguía, era el mío propio. Después de unas pocas veinticuatro horas en la Comunidad de A.A., gracias principalmente al compartimiento de los miembros en las reuniones, llegué a entender que todos encuentran poco a poco su propio ritmo para navegar por los Pasos. Progresivamente, trato de vivir de acuerdo a estos principios sugeridos. Como resultado de estos Pasos, hoy día puedo decir que mi actitud frente a la vida, la gente y hacia cualquier cosa que tenga que ver con Dios ha sido transformada y mejorada.

NO SOY DIFERENTE

Al principio, pasaron cuatro años antes de que A.A. llevara la sobriedad permanente tan solo a una mujer alcohólica. Como los del alto fondo, las mujeres también decían que eran diferentes… El borracho de los barrios perdidos decía que era diferente y lo mismo decían los artistas, los profesionales, los ricos, los pobres, la gente religiosa, los agnósticos, los indios, los esquimales, los soldados veteranos y los presos… hoy en día, todos ellos hablan de lo mucho que nos parecemos todos los alcohólicos cuando reconocemos que hemos llegado a la hora de la verdad.

COMO LO VE BILL, p. 24

Yo no puedo considerarme diferente en A.A.; si lo hago me aíslo de otros y del contacto con mi Poder Superior. Si me siento aislado en A.A., no es culpa de los otros. Es algo que yo he creado por sentirme de algún modo "diferente". Hoy practico ser simplemente un alcohólico más en la Comunidad mundial de Alcohólicos Anónimos.

EL DON DE LA RISA

Al llegar a este punto, su padrino se suele reír.

DOCE PASOS Y DOCE TRADICIONES, p. 23

Antes de empezar mi recuperación del alcoholismo, la risa era uno de los sonidos más penosos que conocía. Yo nunca me reía y cualquiera que se riera me parecía que se estaba riendo de mí. Mi ira y la lástima que tenía de mí mismo me privaban de los placeres más sencillos y de la alegría del corazón. Al llegar al fin de mis días de bebedor, ni siquiera el alcohol podía provocar en mí una risita borracha.

Cuando mi padrino de A.A. empezaba a reír y a señalarme esa lástima de mí mismo y los engaños que alimentaban mi ego, me sentía molesto y herido, pero me enseñaba a no tomarlo todo tan en serio y a enfocarme en mi recuperación. Pronto aprendí a reírme de mí mismo y, finalmente, enseñé a reír también a aquellos a quienes yo apadrinaba. Cada día pido a Dios que me ayude a dejar de tomarme a mí mismo demasiado cn serio.

SOY PARTE DEL TODO

*En seguida me convertí en una parte —aunque fuera
una pequeñísima parte— de un cosmos.*

COMO LO VE BILL, p. 225

Cuando llegué por primera vez a A.A., me convencí
de que "esa gente" era amable — tal vez un poco
ingenua, un poco demasiado amistosa, pero gente
fundamentalmente buena y sincera (con quienes yo
no tenía nada en común). Los veía en las reuniones
— por supuesto, era allí donde "ellos" existían. Les
daba la mano a "ellos" y, después de irme de la sala,
los olvidaba.

Luego, un día mi Poder Superior, en quien no
creía todavía, dispuso que hubiera un proyecto fuera
de A.A. en que participaban por casualidad muchos
miembros de A.A. Trabajamos juntos, y llegué a
conocerlos a "ellos" como seres humanos. Llegué
a admirarlos a "ellos" e incluso a tenerles afecto,
y, a pesar de mí mismo, a disfrutar de la compañía
de "ellos". "Su" forma de practicar el programa
de A.A. en sus vidas diarias —y no meramente en
las palabras que les oía decir en las reuniones—
era lo que me atraía y quería lo que ellos tenían.
De repente, "ellos" se convirtieron en "nosotros".
Desde ese momento no me he tomado un trago.

ORIENTACIÓN

... esto significa la creencia en un Creador que es todo poder, justicia y amor: un Dios que me tiene asignado un propósito, un significado, un destino de crecer, aunque sea poco y a tropiezos, hacia Su imagen y semejanza.

COMO LO VE BILL, p. 51

Según iba dándome cuenta de mi propia impotencia y de mi dependencia de Dios, como Lo concibo yo, empezaba a ver que había una vida que, si yo hubiera podido tenerla, la habría elegido para mí desde el principio. Por medio de un trabajo asiduo de los Pasos y la participación en la vida de la Comunidad, he llegado a saber que hay de verdad un camino mejor hacia el cual se me está guiando. A medida que voy sabiendo más acerca de Dios, me veo posibilitado de confiar en Su forma de obrar y en los planes que Él tiene para el desarrollo de Su carácter en mí. A paso rápido o lento, crezco acercándome más a la imagen y la semejanza de Dios.

PARADOJAS MISTERIOSAS

Tal es la paradoja de la regeneración en A.A.: la fortaleza que surge de la debilidad y la derrota total, la pérdida de la vieja vida como condición para encontrar la nueva.

A.A. LLEGA A SU MAYORÍA DE EDAD, p. 46

¡Qué misterios más gloriosos son las paradojas! Con la lógica no las podemos solucionar, pero cuando las reconocemos y las aceptamos, reafirman algo en el universo que sobrepasa la lógica humana. Cuando me enfrento con algún temor, se me da ánimo; cuando presto ayuda a un hermano o a una hermana, se aumenta mi capacidad para amarme a mí mismo; cuando acepto el dolor como parte de la experiencia de desarrollarme en la vida, experimento una felicidad más grande; cuando miro mi lado oscuro me veo bañado en una nueva luz; cuando acepto mis debilidades y me entrego a un Poder Superior, la gracia me infunde una fortaleza imprevista. Llegué tambaleándome a A.A., en desgracia, sin esperar nada de la vida, y se me ha dado la esperanza y la dignidad. Milagrosamente, la única forma de guardar las dádivas del programa es la de seguir pasándolas a otros.

UN CORAZÓN AGRADECIDO

Me esfuerzo por aferrarme a la verdad de que un corazón lleno y agradecido no puede abrigar grandes presunciones. Rebosante de gratitud, el corazón tiene que latir con un amor que fluye hacia todo lo que nos rodea, la emoción más elevada que jamás podamos experimentar.

COMO LO VE BILL, p. 37

Mi padrino me dijo que yo debía ser un alcohólico agradecido y siempre tener "una actitud de gratitud" — que la gratitud es el ingrediente básico de la humildad, que la humildad es el ingrediente básico del anonimato y que "el anonimato es la base espiritual de todas nuestras tradiciones, recordándonos siempre anteponer los principios a las personalidades". Como resultado de este consejo que me dio, yo empiezo todas las mañanas de rodillas, dándole gracias a Dios por tres cosas: estar vivo, estar sobrio y ser miembro de Alcohólicos Anónimos. Entonces trato de vivir una "actitud de gratitud" y de disfrutar completamente de otras veinticuatro horas de la manera de vivir de A.A. Alcohólicos Anónimos no es meramente algo a lo que me uní; es algo que yo vivo.

EL DESAFÍO DEL FRACASO

"En la economía de Dios, no se desperdicia nada. Mediante el fracaso, aprendemos una lección de humildad que, por dolorosa que sea, es probablemente necesaria".

COMO LO VE BILL, p. 31

¡Qué agradecido me siento hoy por saber que todos los fracasos del pasado eran necesarios para que yo estuviera donde estoy! Por muchas penas me vino la experiencia y en el sufrimiento llegué a ser obediente. Cuando buscaba a Dios, como yo Lo concibo, Él compartió conmigo sus dádivas preciosas. Por la experiencia y la obediencia, empezaba el desarrollo seguido de la gratitud. Sí, y luego me vino la paz del espíritu, viviendo y compartiendo la sobriedad.

UNA HISTORIA DE ÉXITO FUERA
DE LO COMÚN

"A.A. no es una historia de éxito en el sentido común y corriente de la palabra. Es la historia del sufrimiento transmutado bajo la gracia en progreso espiritual".

COMO LO VE BILL, p. 35

Al entrar en A.A., escuchaba a otra gente hablar de la realidad de su vida de bebedor: la soledad, el terror y el sufrimiento. Al escucharles más, les oía describir otra realidad muy diferente: la realidad de la sobriedad. Es una realidad de libertad y de felicidad, de intención y dirección, y de serenidad y tranquilidad con Dios, con nosotros mismos y con otra gente. Cuando asisto a las reuniones, me reintroducen a esta realidad una y otra vez. La veo en los ojos y la escucho en las voces de aquellos alrededor mío. Trabajando en el programa, encuentro la dirección y la fortaleza que me hacen posible hacer mía esta realidad. La alegría de A.A. es que esta nueva realidad está a mi alcance.

UNA ESTABILIDAD ÚNICA

… en A.A. la única autoridad es un Dios amoroso tal como se exprese en la conciencia de grupo… El anciano estadista es el que ve lo sabia que es la decisión del grupo, que no siente ningún rencor al verse reducido a una posición menos importante, cuyo criterio, madurado por una larga experiencia, es equilibrado, y que está dispuesto a quedarse al margen, esperando pacientemente el desarrollo de los acontecimientos.

DOCE PASOS Y DOCE TRADICIONES, pp. 128, 131

En la tela de la recuperación del alcoholismo están tejidos los Doce Pasos y las Doce Tradiciones. Conforme progresaba mi recuperación, me daba cuenta de que este nuevo manto estaba hecho a mi medida. Los veteranos del grupo, amablemente, me ofrecían sugerencias cuando me parecía imposible cambiar. Las experiencias compartidas de todos se convertían en la sustancia misma de amistades valoradas. Yo sé que la Comunidad está lista y preparada para ayudar a todo alcohólico en todas las encrucijadas de la vida. En este mundo rodeado de multitud de problemas, esta seguridad me parece una estabilidad única. Aprecio mucho la dádiva de la sobriedad. Le doy gracias a Dios por la fortaleza que recibo en una Comunidad que verdaderamente existe para el bien de todos sus miembros.

¿CÓMO? ¿NO HAY PRESIDENTE?

Cuando se les dice que nuestra Sociedad no tiene un presidente con autoridad para gobernarla, ni un tesorero que pueda exigir el pago de cuotas… nuestros amigos se quedan asombrados y exclaman, "Esto no puede ser…"

DOCE PASOS Y DOCE TRADICIONES, p. 128

Cuando por fin llegué a A.A. no podía creer que no había tesorero que pudiera "exigir el pago de cuotas". No me podía imaginar una Comunidad que no exigiera contribuciones económicas a cambio de servicios. Fue la primera —y hasta la fecha la única— experiencia que tuve de recibir "algo por nada". Ya que no me sentía abusado o engañado por los A.A., me era posible abordar el programa sin prejuicios y con mente abierta. No querían nada de mí. ¿Qué tenía que perder? Doy gracias a Dios por la sabiduría de los cofundadores que conocían tan bien el desdén que tiene el alcohólico a ser manipulado.

UN MILAGRO DE A.A.

Salvo algunos breves momentos de tentación, el pensamiento de beber nunca ha vuelto a su mente; y en esos momentos de tentación, ha sentido una gran revulsión. Es aparente que no podría beber, ni aun queriendo hacerlo. Dios le ha devuelto la cordura.

ALCOHÓLICOS ANÓNIMOS, p. 57

La palabra "Dios" me infundió temor la primera vez que la vi asociada con los Doce Pasos de A.A. Había probado todos los métodos posibles para dejar de beber, y todavía me resultaba imposible sostener el deseo de hacerlo por algún período de tiempo. ¿Cómo podría creer en un "Dios" que me permitiese hundirme en la profunda desesperación que me ahogaba — ya fuera que bebiera o no?

La solución estaba en admitir al fin que *podría* ser posible para mí conocer la misericordia de un Poder superior a mí mismo, que me podría conceder la sobriedad si yo estuviese dispuesto a "llegar a creer". Admitir, por fin, que yo era uno entre otros muchos, y seguir el ejemplo de mi padrino y de otros miembros de A.A., practicando una fe que yo no tenía, le ha dado a mi vida sentido, un objetivo y una dirección.

FUNCIONA

Funciona — realmente funciona.

ALCOHÓLICOS ANÓNIMOS, p. 88

Cuando logré mi sobriedad, al principio tenía fe únicamente en el programa de Alcohólicos Anónimos. La desesperación y el temor me mantenían sobrio (ayudado quizás por un padrino cariñoso y duro). La fe en un Poder Superior me llegó mucho más tarde. Al comienzo esta fe venía lentamente, después de que yo empezaba a escuchar a los otros compartir en las reuniones acerca de sus experiencias — experiencias a las que nunca me había enfrentado sobrio, pero con las cuales ellos se estaban enfrentando reforzados por un Poder Superior. De este compartimiento surgía la esperanza de que yo también podría "conseguir" un Poder Superior y que lo haría. Con el tiempo llegué a saber que un Poder Superior —una fe que funciona sean cuales sean las circunstancias— es posible. Hoy esta fe, más la honestidad, la liberalidad de mente y la buena disposición para trabajar en los Pasos, me da la serenidad que busco. Funciona — realmente funciona.

LA ESPERANZA

No te desanimes.

ALCOHÓLICOS ANÓNIMOS, p. 60

Hay pocas experiencias que tengan para mí menos valor que la sobriedad lograda con rapidez. Con demasiada frecuencia, las esperanzas poco realistas han acarreado el desaliento, sin mencionar la lástima de mí mismo y el cansancio por haber querido cambiar el mundo antes del sábado que viene. El desaliento es una señal que me advierte de la posibilidad de haber pisado el terreno de Dios. La clave de realizar mis posibilidades está en reconocer mis limitaciones y en creer que el tiempo no es una amenaza sino un regalo.

La esperanza es la llave que abre la puerta por la que salimos del desconsuelo. El programa me promete que, si no me echo el primer trago hoy, siempre tendré esperanza. Habiendo llegado a creer que guardo lo que comparto, cada vez que le doy ánimo a otro se me da ánimo. Unido con otros, por la gracia de Dios y la Comunidad de A.A., voy caminando por el camino del destino feliz. Que yo siempre tenga presente que el poder que está dentro de mí es muy superior a cualquier temor que se me presente. Que yo siempre tenga paciencia, porque estoy en el buen camino.

SUPERAR LA OBSTINACIÓN

*Así es que nuestras dificultades, creemos, son básica-
mente producto de nosotros mismos; surgen de nosotros, y el alcohólico es un ejemplo extremo de la obstinación desbocada, aunque él piense que no es así.
Por encima de todo, nosotros los alcohólicos tenemos
que librarnos de ese egoísmo. ¡Tenemos que hacerlo
o nos mata!*

ALCOHÓLICOS ANÓNIMOS, p. 62

Durante muchos años mi vida giraba alrededor de
mí mismo. Estaba consumido por el ego en todas sus
formas —el egoísmo, el egocentrismo, la lástima de
mí mismo— todos los cuales brotaban de mi soberbia. Hoy, mediante la Comunidad de Alcohólicos
Anónimos, se me ha regalado la oportunidad de
practicar los Pasos y las Tradiciones en mi vida diaria, se me ha regalado mi grupo y mi padrino, y la
capacidad —si elijo hacerlo— para dejar mi orgullo
a un lado en todas las circunstancias que mi vida me
puede presentar.

Hasta que no pudiera mirarme a mí mismo y ver
que en muchas circunstancias yo era el problema y
responder de la forma apropiada interna y exter-
namente; hasta que no pudiera deshacerme de mis
esperanzas y darme cuenta de que mi serenidad
estaba en proporción directa con ellas, no podría
experimentar la serenidad y la sana sobriedad.

DESYERBAR EL JARDÍN

La esencia de todo progreso es la buena disposición para hacer los cambios que conducen a lo mejor y luego la resolución de aceptar cualesquier responsabilidades que estos cambios nos entrañen.

COMO LO VE BILL, p. 115

Cuando llegué al Paso Tres, había sido liberado de mi dependencia del alcohol, pero la amarga experiencia me ha enseñado que una sobriedad continua requiere un continuo esfuerzo.

De vez en cuando hago una pausa para echar una buena mirada a mi progreso. Mi jardín se va desyerbando más y más cada vez que lo inspecciono, pero también cada vez encuentro nuevas yerbas brotando donde yo pensaba que ya había hecho mi última limpieza con mi rastrillo. A medida que regreso para arrancar las nuevas yerbas (es más fácil cuando están recién crecidas), me paro a admirar lo exuberante del crecimiento de los vegetales y las flores, y mi trabajo tiene su recompensa. Mi sobriedad crece y da sus frutos.

UNA TAREA DE POR VIDA

"Pero, en estas circunstancias, ¿cómo quieres que me lo 'tome con calma'? Eso es lo que yo quisiera saber".
DOCE PASOS Y DOCE TRADICIONES, p. 24

Nunca se me conoció por mi paciencia. Cuántas veces me he preguntado, "¿Por qué debo esperar, cuando lo puedo obtener ahora mismo?" En verdad, cuando me presentaron los Doce Pasos por primera vez, me sentía como un "niño en una tienda de caramelos". No podía esperar llegar al Paso Doce; creí que sería cosa de solamente unos pocos meses de trabajo. Hoy me doy cuenta de que vivir los Doce Pasos de A.A. es una tarea para toda la vida.

LA IDEA DE LA FE

No dejes que ningún prejuicio que puedas tener en contra de los términos espirituales te impida preguntarte a ti mismo lo que significan para ti.

ALCOHÓLICOS ANÓNIMOS, p. 47

La idea de la fe es algo difícil de tragar, cuando dentro y alrededor de mí el miedo, la duda y la ira abundan. A veces, la mera idea de hacer algo diferente, algo que no estoy acostumbrado a hacer, puede acabar convirtiéndose en un acto de fe si lo hago regularmente y sin debatir sobre si es la cosa apropiada para hacer. Cuando llega un día malo y las cosas no salen bien, una reunión o una conversación con otro borracho a menudo me distraen lo suficiente como para convencerme de que todo no es tan imposible, tan abrumador como lo había creído. De la misma forma, asistir a una reunión o hablar con un compañero alcohólico son actos de fe: creo que estoy contrarrestando mi alcoholismo. Estas son las formas en las que sigo acercándome a la fe en un Poder Superior.

LA CLAVE ESTÁ EN LA
BUENA VOLUNTAD

Una vez que hemos metido la llave de la buena voluntad en la cerradura, y tenemos la puerta entreabierta, nos damos cuenta de que siempre podemos abrirla un poco más.

DOCE PASOS Y DOCE TRADICIONES, p. 33

La buena voluntad para entregar mi orgullo y mi obstinación a un Poder superior a mí mismo, ha resultado ser el único ingrediente absolutamente necesario para resolver todos mis problemas hoy. Aun la más pequeña dosis de buena voluntad, si es sincera, es suficiente para permitir que Dios entre y se haga cargo de cualquier problema, dolor u obsesión. Mi nivel de bienestar está en relación directa con el grado de buena voluntad que yo tenga en cualquier momento dado para renunciar a mi obsesión y permitir que se manifieste la voluntad de Dios en mi vida. Con la buena voluntad, mis preocupaciones y temores son poderosamente transformados en serenidad.

DEJARLO EN MANOS DE DIOS

Cada hombre y cada mujer que se ha unido a A.A. con intención de quedarse con nosotros, ya ha comenzado a practicar, sin darse cuenta, el Tercer Paso. ¿No es cierto que en todo lo que se refiere al alcohol, cada uno de ellos ha decidido poner su vida al cuidado, y bajo la protección y orientación de Alcohólicos Anónimos?... Todo principiante bien dispuesto se siente convencido de que A.A. es el único refugio seguro para el barco a punto de hundirse en que se ha convertido su vida. Si esto no es entregar su voluntad y su vida a una Providencia recién encontrada, entonces, ¿qué es?

DOCE PASOS Y DOCE TRADICIONES, p. 33

La sumisión a Dios fue mi primer paso hacia mi recuperación. Creo que nuestra Comunidad busca una espiritualidad abierta a una nueva relación con Dios. Mientras me esfuerzo por seguir el camino de los Pasos, siento una libertad que me da la capacidad para pensar por mí mismo. Mi adicción me tenía confinado sin posibilidad de liberación; pero A.A. me asegura un camino por el que puedo ir adelante. El compartimiento, el interés y el afecto recíprocos son lo que nos regalamos, unos a otros, y mi capacidad para regalarlo está reforzada conforme cambia mi actitud hacia Dios. Voy aprendiendo a someterme a la voluntad de Dios en mi vida, a tener dignidad, y a mantener estas actitudes regalando lo que recibo.

ABANDONAR LA OBSTINACIÓN

Decidimos poner nuestras voluntades y nuestras vidas al cuidado de Dios, como nosotros lo concebimos.

DOCE PASOS Y DOCE TRADICIONES, p. 32

Por deseoso que se esté de hacerlo, ¿exactamente cómo puede uno poner su voluntad y su vida al cuidado del Dios que crea existir? En mi búsqueda de la respuesta a esta pregunta, llegué a apreciar la sabiduría con la que el Paso fue escrito: es un Paso de dos partes.

Podía ver que en mis días de bebedor había muchas ocasiones en que debería haber muerto o, al menos, debería haber sido herido; pero esto nunca sucedió. Alguien, o algo, me estaba cuidando. He decidido creer que mi vida siempre ha estado bajo el cuidado de Dios. Sólo Él dispone el tiempo que se me concederá hasta la muerte física.

El asunto de la voluntad (la voluntad de Dios o la mía) es la parte del Paso que es más difícil para mí. Solamente cuando he experimentado suficientes dolores emocionales, por medio del fracaso de mis intentos de repararme a mí mismo, puedo llegar a estar listo a someterme a lo que Dios tiene dispuesto para mí. La sumisión, la entrega, es como la calma después de la tormenta. Cuando mi voluntad está conforme con la voluntad de Dios, hay paz interior.

HOY TENGO LA OPCIÓN

...pero invariablemente encontramos que alguna vez en el pasado tomamos decisiones egoístas que más tarde nos colocaron en posición propicia para ser lastimados.

ALCOHÓLICOS ANÓNIMOS, p. 62

Con la conciencia y la aceptación de que yo había desempeñado un papel en el desarrollo de mi vida, vino un cambio dramático de mi punto de vista. En este momento el programa de A.A. empezó a funcionar para mí. En el pasado siempre había culpado a otros, ya fuese a Dios o a otra gente, por las circunstancias de mi vida. Nunca creía que tenía la opción de cambiar mi vida. Las decisiones que había tomado, las había basado en el temor, en el orgullo, o en el egoísmo. Como consecuencia, esas decisiones me habían conducido por un camino de autodestrucción. Hoy trato de dejar a mi Dios que me guíe por el camino hacia la cordura. Yo soy responsable de mis acciones —o mi falta de acción— sean cuales sean las consecuencias.

DIRECCIÓN BUENA Y ORDENADA

Empezamos a hacer el debido uso de nuestra voluntad cuando tratamos de someterla a la voluntad de Dios. Para todos nosotros, ésta fue una maravillosa revelación. Todas nuestras dificultades se habían originado en el mal uso de la fuerza de voluntad. Habíamos tratado de bombardear nuestros problemas con ella, en lugar de intentar hacerla coincidir con los designios que Dios tenía para nosotros.

DOCE PASOS Y DOCE TRADICIONES, p. 3

No tengo que hacer más que mirar hacia mi vida pasada para ver a dónde me ha conducido mi obstinación. Simplemente no sé qué es lo mejor para mí y creo que mi Poder Superior lo sabe. Dios no me ha fallado nunca, pero muy a menudo me he fallado a mí mismo. Valerme de mi obstinación en cualquier situación tiene normalmente el mismo resultado que tratar de forzar la pieza del rompecabezas que no corresponde — el agotamiento y la frustración.

El Tercer Paso abre la puerta al resto del programa. Cuando pido a Dios que me guíe, yo sé que, sea cual sea el resultado, será el mejor posible, que las cosas son exactamente como deben ser, incluso si no son lo que yo deseo o espero. Dios hace por mí lo que yo no puedo hacer por mí mismo, si Le dejo que lo haga.

EL PLAN DE UN DÍA

Al despertar pensemos en las veinticuatro horas que tenemos por delante. Consideremos nuestros planes para el día. Antes de empezar, le pedimos a Dios que dirija nuestro pensamiento, pidiendo especialmente que esté libre de autoconmiseración, y de motivos falsos y egoístas.

ALCOHÓLICOS ANÓNIMOS, p. 86

Todos los días le pido a Dios que encienda en mí el fuego de su amor, para que ese amor brillante y claro, ilumine mi pensamiento y me permita cumplir mejor con Su voluntad. Durante todo el día, según dejo que las circunstancias externas me desanimen, le pido a Dios que grabe en mi mente la conciencia de que puedo volver a empezar el día cuando desee; cien veces si es necesario.

EL MUNDO DEL ESPÍRITU

Hemos entrado al mundo del Espíritu. Nuestra siguiente tarea es crecer en entendimiento y eficacia. Este no es un asunto para resolver de la noche a la mañana. Es una tarea para toda nuestra vida.

ALCOHÓLICOS ANÓNIMOS, p. 84

La palabra "entrado"... y la frase "entrado al mundo del Espíritu" son muy significativas. Implican acción, comienzo, participación, un prerrequisito para mantener mi desarrollo espiritual, ya que el "Espíritu" es la parte inmaterial de mi ser. Las barreras de mi desarrollo espiritual son el egocentrismo y un enfoque materialista de las cosas terrenales. Espiritualidad significa devoción a lo espiritual y no a las cosas mundanas; significa obediencia a la voluntad de Dios para mí. Según lo veo yo, las cosas espirituales son: amor incondicional, alegría, paciencia, bondad, amabilidad, fidelidad, dominio de sí mismo y humildad. Cuando dejo que el egoísmo, la deshonestidad, el resentimiento y el temor sean parte de mi ser, estoy obstaculizando las cosas espirituales. Según voy manteniendo mi sobriedad, el desarrollo espiritual se convierte en un proceso de por vida. Mi meta es el desarrollo espiritual; reconozco que nunca lograré la perfección espiritual.

LA PIEDRA CLAVE

Él es el Padre y nosotros Sus hijos. La mayoría de las buenas ideas son sencillas y este concepto fue la piedra clave del nuevo arco triunfal por el que pasamos a la libertad.

ALCOHÓLICOS ANÓNIMOS, p. 62

La piedra clave es una pieza en forma de cuña que va en la parte más alta de un arco y que mantiene las otras piedras en su lugar. Las "otras piezas" son los Pasos Uno, Dos y desde el Cuatro al Doce. En un sentido esto parece indicar que el Paso Tres es el Paso más importante, que los otros once dependen del tercero para soporte. Sin embargo en la realidad, el Paso Tres es sólo uno de los doce. Es la piedra clave, pero sin las otras once piedras para construir la base y los lados, con o sin piedra clave, sencillamente no hay arco. Por medio de la práctica diaria de los Doce Pasos, yo encuentro ese arco triunfal esperándome para pasar por él a otro día de libertad.

LA IDEA DE DIOS

*Cuando vimos a otros resolver sus problemas median-
te una confianza sencilla en el espíritu del Universo,
tuvimos que dejar de dudar en el poder de Dios. Nuestras ideas no servían; pero la idea de Dios sí.*

ALCOHÓLICOS ANÓNIMOS, p. 52

Como un hombre ciego que poco a poco va recupe-
rando la vista, lentamente, a tientas, llegué al Tercer
Paso. Me había dado cuenta de que sólo un Poder
superior a mí mismo podía rescatarme del abismo
de desesperanza en el que estaba, y supe que éste
era un Poder al que yo tenía que agarrarme y que
sería mi ancla en medio de un mar de calamidades.
Aunque en esa época mi fe era minúscula, era suficientemente grande como para hacerme ver que ya
era hora de descartar mi confianza en mi arrogante
ego y reemplazarlo con la estabilizante fortaleza
que sólo podría venir de un Poder muy superior a
mí mismo.

COMO NOSOTROS LO CONCEBIMOS

Mi amigo sugirió lo que entonces parecía una idea original… "¿Por qué no escoges tu propio concepto de Dios?" Esto me llegó muy hondo; derritió la montaña de hielo intelectual a cuya sombra había vivido y tiritado muchos años. Por fin me daba la luz del sol. Sólo se trataba de estar dispuesto a creer en un Poder superior a mí mismo. Nada más se necesitaba de mí para empezar.

ALCOHÓLICOS ANÓNIMOS, p. 12

Yo recuerdo las veces que miraba al cielo, y reflexionaba sobre quién dio comienzo a todo esto, y cómo. Cuando llegué a A.A., para lograr una sobriedad estable, tenía que adquirir una comprensión de alguna descripción de la dimensión espiritual. Después de leer una variedad de teorías, incluyendo la científica de una gran explosión, opté por lo sencillo suponiendo que el Dios de mi entendimiento fue el Gran Poder que hizo posible la explosión. Con la inmensidad del universo bajo Su dominio, Él podría, sin duda, guiar mi pensamiento y mis acciones si yo estaba preparado a aceptar Su orientación. Pero no podía esperar ayuda si le volvía la espalda y me iba por mi propio camino. Llegué a estar dispuesto a creer y he tenido 26 años de sobriedad estable y satisfactoria.

FORMAS MISTERIOSAS

...toda época de aflicción y sufrimiento, cuando la mano de Dios le parecía pesada e incluso injusta, ha resultado ser una ocasión de aprender nuevas lecciones para la vida, de descubrir nuevas fuentes de valor, y que, última e inevitablemente, le llegó la convicción de que, al obrar sus milagros, "los caminos de Dios sí son inescrutables".

DOCE PASOS Y DOCE TRADICIONES, p. 102

Después de perder mi carrera, mi familia y la salud, todavía no me convencía de que mi manera de vivir necesitaba una revisión. Creía que estaba destinada a morir sola y que lo merecía. En la cima de mi desesperación, mi niñito de corta edad se enfermó gravemente con una rara enfermedad. Los esfuerzos de los doctores fueron infructuosos. Yo redoblé mis esfuerzos para amortiguar mis sentimientos pero el alcohol ya había dejado de surtir su efecto. Quedé sola mirando fijamente a los ojos de Dios, suplicando su ayuda. A los pocos días, por una extraña concatenación de coincidencias, tuve mi primer contacto con A.A. y desde entonces he permanecido sobria. Mi hijo vive y está mejorando. Todo el episodio me convenció de mi impotencia y de lo inmanejable que era mi vida. Hoy, mi hijo y yo estamos agradecidos a Dios por Su intervención.

LA VERDADERA INDEPENDENCIA

Cuanto más dispuestos estamos a depender de un Poder Superior, más independientes somos en realidad.

DOCE PASOS Y DOCE TRADICIONES, p. 34

Al principio, empiezo algo dispuesto a confiar en Dios y Él hace que esa disposición crezca. Cuanto más disposición tengo, más confianza gano, y cuanto más confianza gano, tengo más disposición. Mi dependencia de Dios crece de acuerdo al crecimiento de mi confianza en Él. Antes de que estuviera dispuesto, yo dependía de mí mismo para todas mis necesidades y estaba limitado por lo incompleto de mi ser. Por mi disposición a depender de mi Poder Superior, a quien yo he escogido llamar Dios, todas mis necesidades son provistas por Alguien que me conoce mejor de lo que yo me conozco — aún las necesidades de las que no me doy cuenta, así como las que están todavía por venir. Sólo Alguien que me conoce tan bien, podría hacer que sea yo quien soy y ayudarme a satisfacer la necesidad de alguien que solamente yo podría satisfacer. Nunca habrá otro exactamente igual que yo. Y esto es la verdadera independencia.

LA ORACIÓN DA RESULTADOS

Con mucha razón se ha dicho, "casi los únicos que se burlan de la oración son aquellos que nunca han rezado con suficiente asiduidad".

DOCE PASOS Y DOCE TRADICIONES, p. 95

Por haberme criado en un hogar agnóstico, yo me sentía algo ridículo cuando traté de orar por primera vez. Sabía que había un Poder Superior que obraba en mi vida —¿de qué otra manera estaría sobrio?— pero ciertamente no estaba convencido de que él/ella/ello quisiera escuchar mis oraciones. La gente que tenía lo que yo quería, decía que la oración era una parte importante de la práctica del programa, así que seguí haciéndolo. Con la determinación de orar diariamente, me sorprendió ir encontrándome cada vez más sereno y cómodo con mi lugar en el mundo. En otras palabras, la vida se me hizo más fácil y menos penosa. Todavía no estoy seguro de quién o qué escucha mis oraciones, pero nunca dejaré de decirlas por la simple razón de que dan resultado.

EL AMOR Y LA TOLERANCIA

El amor y la tolerancia para con otros son nuestro código.

ALCOHÓLICOS ANÓNIMOS, p. 84

Me he dado cuenta de que tengo que perdonar a otros en todas las situaciones a fin de mantener un verdadero progreso espiritual. Puede que, a primera vista, la importancia vital del perdón no me resulte obvia, pero mis estudios me dicen que todo gran maestro espiritual ha insistido fuertemente en ello.

Tengo que perdonar las injurias, no solamente con palabras, o por cumplido, sino con mi corazón. No hago esto en beneficio de la otra persona, sino por el mío propio. El resentimiento, la ira o el deseo de ver que alguien sea castigado, son cosas que corrompen mi alma. Tales cosas me encadenan a mis dificultades. Me atan a otros problemas que no tienen nada que ver con mi problema original.

BIENESTAR MATERIAL Y ESPIRITUAL

Se nos quitará el miedo… a la inseguridad económica.
ALCOHÓLICOS ANÓNIMOS, p. 84

Reducir o eliminar el temor y ver mejorar las circunstancias económicas son dos cosas diferentes. Cuando yo era principiante en A.A. tenía estas dos ideas confundidas. Creía que el temor me abandonaría solamente cuando empezara a hacer dinero. Sin embargo, un día, mientras estaba rumiando mis dificultades financieras, una línea del Libro Grande me saltó a los ojos: "Para nosotros, el bienestar material siempre siguió al espiritual; nunca lo precedió" (p. 127). De pronto me di cuenta de que esta promesa era una garantía. Vi que ponía las prioridades en el orden correcto, que el progreso espiritual haría disminuir ese terrible temor a ser indigente, justamente como hace disminuir muchos otros temores.

Hoy trato de usar los talentos que Dios me dio para beneficiar a otros. Me he dado cuenta de que eso es lo que otros han valorado siempre. Trato de recordar que yo ya no trabajo para mí. Solamente disfruto de la riqueza que Dios ha creado, nunca he sido "propietario" de ella. El propósito de mi vida está mucho más claro cuando yo sólo trabajo para ayudar, no para poseer.

NO MÁS PELEAS

*Y hemos cesado de pelearnos con todo y con todos,
aun con el alcohol.*

ALCOHÓLICOS ANÓNIMOS, p. 84

Cuando A.A. me encontró, yo creía que me esperaba una lucha, y que A.A. me daría la fortaleza
que necesitaba para vencer al alcohol. Victorioso
en esa pelea, quién sabe qué otras batallas podría
ganar. Pero tendría que ser fuerte. Todas mis previas experiencias en la vida lo habían demostrado.
Hoy yo no tengo que pelear ni ejercer mi voluntad.
Si doy esos Doce Pasos y dejo que mi Poder Superior haga el verdadero trabajo, mi problema con el
alcohol desaparece por sí mismo. Mis problemas de
la vida también cesan de ser batallas. Yo sólo tengo
que preguntar si es aceptación —o cambio— lo que
se requiere. No es mi voluntad, sino Su voluntad lo
que hay que hacer.

…NO DEBE HABER MÁS RESERVAS

*Hemos visto esta verdad demostrada una y otra vez,
"Una vez alcohólico, alcohólico para siempre"… Si
estamos haciendo planes para dejar de beber no debe
haber reserva de ninguna clase, ni ninguna idea oculta
de que algún día seremos inmunes al alcohol… Para
estar gravemente afectado no es necesario que uno
haya estado bebiendo durante mucho tiempo, ni que
beba tanto como lo hicimos algunos de nosotros. Esto
es particularmente cierto en las mujeres. Las alcohólicas en potencia a menudo se convierten en tales, y en
pocos años su caso está muy avanzado.*

ALCOHÓLICOS ANÓNIMOS, p. 33

Estas palabras las tengo subrayadas en mi libro.
Son ciertas para hombres y mujeres alcohólicos.
En muchas ocasiones yo he abierto mi libro en esta
página y he reflexionado sobre este pasaje. Nunca
tengo que engañarme a mí misma recordando mis
a veces diferentes maneras de beber, o creyéndome
"curada". Prefiero pensar que, si la sobriedad es un
regalo de Dios para mí, entonces mi vida sobria es
mi regalo para Dios. Espero que Dios esté tan feliz
con Su regalo como yo lo estoy con el mío.

ACTIVO, NO PASIVO

"El ser humano debe pensar y actuar. No fue creado a la imagen de Dios para ser un autómata".

COMO LO VE BILL, p. 55

Antes de unirme a A.A. a menudo no reflexionaba sino que reaccionaba ante las situaciones y la gente. Cuando no reaccionaba, actuaba de una forma mecánica. Después de unirme a A.A. empecé a buscar una orientación diaria de un Poder superior a mí mismo, y a aprender a estar atento a esa orientación. Luego empecé a tomar decisiones y a llevarlas a cabo, en vez de reaccionar ante ellas. Los resultados han sido constructivos; ya no permito que otros tomen decisiones por mí y que luego me critiquen por ello.

Hoy —y todos los días— con el corazón lleno de gratitud y el deseo de que la voluntad de Dios se haga por medio de mí, mi vida es digna de compartir, especialmente con mis compañeros alcohólicos. Sobre todo, si yo no hago una religión de nada, ni siquiera de A.A., entonces puedo ser un cauce abierto para la expresión de Dios.

UN CORAZÓN LLENO DE GRATITUD

Me esfuerzo por aferrarme a la verdad de que un co-razón lleno y agradecido no puede abrigar grandes presunciones. Rebosante de gratitud, el corazón tiene que latir con un amor que fluye hacia todo lo que nos rodea, la emoción más elevada que jamás podamos experimentar.

COMO LO VE BILL, p. 37

Yo creo que nosotros en Alcohólicos Anónimos somos afortunados por el hecho de que constante-mente se nos recuerda la necesidad de estar agrade-cidos y de cuán importante es la gratitud para nues-tra sobriedad. Yo estoy verdaderamente agradecido por la sobriedad que Dios me ha dado por medio del programa de A.A. y me agrada poder devolver lo que libremente se me dio. Estoy agradecido no solamente por la sobriedad, sino por la calidad de vida que me ha traído mi sobriedad. Dios ha tenido la bondad de darme días sobrios y una vida dotada de paz y satisfacción, así como la capacidad de dar y recibir amor, y la oportunidad de servir a otros — en nuestra Asociación, en mi familia y en mi comu-nidad. Por todo esto, yo tengo "un corazón lleno de gratitud".

LA ENSEÑANZA NUNCA ACABA

Entrégate a Dios, tal como tú Lo concibes. Admite tus faltas ante Él y ante tus semejantes. Limpia de escombros tu pasado. Da con larqueza de lo que has encontrado y únete a nosotros. Estaremos contigo en la Fraternidad del Espíritu, y seguramente te encontrarás con algunos de nosotros cuando vayas por el Camino del Destino Feliz. Que Dios te bendiga y conserve hasta entonces.

ALCOHÓLICOS ANÓNIMOS, p. 164

Cada vez que leo estas palabras se me hace un nudo en la garganta. Al principio era porque sentía, "¡Oh no! Se acabó la enseñanza. Ahora tengo que hacerlo solo. Nunca volverá a ser tan nuevo, otra vez". Hoy, al leer estas mismas palabras, siento un profundo afecto por los pioneros de A.A., y me doy cuenta de que resumen todo en lo que creo y todo por lo que me esfuerzo; y que —con la bendición de Dios— la enseñanza nunca se acaba, nunca tengo que hacerlo solo y cada día es un día nuevo.

LAS LIBERTADES DE A.A.

Ya sabemos lo que verdaderamente son nuestras diversas libertades; y confiamos en que ninguna generación futura de A.A. se sienta en la obligación de limitarlas. Nuestras libertades de A.A. constituyen la tierra en que puede florecer el auténtico amor…

EL LENGUAJE DEL CORAZÓN, p. 303

Yo tenía deseos inmensos de libertad. Primero, libertad para beber; más tarde, liberación de la bebida. El programa de recuperación de A.A. tiene su base en la libre elección. No hay mandatos, leyes ni mandamientos. El programa espiritual de A.A., como se ha delineado en los Doce Pasos, y por el cual se me ofrecen libertades aun mayores, es solamente sugerido. Yo puedo tomarlo o dejarlo. Se ofrece el apadrinamiento, no se fuerza, y yo voy y vengo como lo desee. Son éstas, y otras libertades, las que me permiten recobrar la dignidad, que fue aplastada por la carga de la bebida, y que tanto se necesita para apoyar una sobriedad duradera.

IGUALDAD

Nuestra Comunidad debe incluir todos los que sufren del alcoholismo. Por eso, no podemos rechazar a nadie que quiera recuperarse. Ni debe el ser miembro de A.A. depender del dinero o de la conformidad. Cuandoquiera que dos o tres alcohólicos se reúnan en interés de la sobriedad, podrán llamarse un grupo de A.A., con tal de que, como grupo, no tengan otra afiliación.

ALCOHÓLICOS ANÓNIMOS, p. 515

Antes de A.A., frecuentemente sentía que yo no "encajaba" con la gente a mi alrededor. Generalmente "ellos" tenían más/menos dinero que yo, y mis puntos de vista no iban con los de "ellos". La cantidad de prejuicios que yo había experimentado en la sociedad sólo servían para demostrarme la falsedad de alguna gente "farisaica". Después de unirme a A.A. encontré la manera de vida que yo había estado buscando. En A.A. ningún miembro es mejor que otro; nosotros somos solamente alcohólicos tratando de recuperamos del alcoholismo.

SERVIDORES DE CONFIANZA

*Son servidores. Suyo es el a veces ingrato privilegio
de atender a las tareas del grupo.*

DOCE PASOS Y DOCE TRADICIONES, p. 130

En su libro *Zorba el Griego*, Nikos Kazantzakis
describe a su personaje principal en diálogo con un
viejo que afanoso planta un árbol. "¿Qué haces?",
pregunta Zorba con curiosidad. "Ya lo ves, hijo
mío. Planto un árbol". Responde el viejo. "¿Y para
qué plantarlo si no has de verlo dar fruto?", insis-
tió Zorba. Y el viejo responde: "Yo, hijo mío, vivo
como si nunca fuera a morirme". Ante la respuesta
Zorba esboza una sonrisa y, mientras se aleja,
exclama con ironía: "¡Qué extraño! ¡Yo vivo como
si fuera a morirme mañana!"

He comprobado como alcohólico anónimo, que
el Tercer Legado es el terreno fértil para plantar
el árbol de mi sobriedad. Los frutos que cosecho
son maravillosos: paz, seguridad, comprensión y
24 horas de eterna realización; también, sano juicio para escuchar a la voz de mi conciencia, cuando
sutilmente me habla en silencio y me dice: debes
dejar el servicio, otros también tienen que plantar
y cosechar.

NUESTRA CONCIENCIA DE GRUPO

"…a veces lo bueno es enemigo de lo mejor".

A.A. LLEGA A SU MAYORÍA DE EDAD, p. 101

Yo creo que estas palabras se aplican a todos los aspectos de los Tres Legados de A.A.: Recuperación, Unidad y Servicio. Yo quiero que ellas se queden grabadas en mi mente y en mi vida a medida que yo "vaya por el Camino del Destino Feliz" (*Alcohólicos Anónimos*, p. 164). Estas palabras, frecuentemente pronunciadas por el cofundador Bill W., le fueron apropiadamente dichas a él como resultado de la conciencia de grupo. Esto hizo que Bill se diera perfecta cuenta de la esencia de nuestra Segunda Tradición: "Nuestros líderes no son más que servidores de confianza. No gobiernan".

Así como originalmente se le hizo recordar a Bill, yo creo que en nuestras discusiones de grupo nunca debemos quedarnos con lo "bueno", sino siempre esforzarnos por lograr lo "mejor". Este esfuerzo común es otro ejemplo más de un Dios bondadoso, tal como lo concebimos, que se expresa a través de la conciencia de grupo. Tales experiencias, me ayudan a mantenerme en el sendero apropiado de recuperación. Aprendo a combinar la iniciativa con la humildad, la responsabilidad con la gratitud, y así saborear las alegrías de vivir mi programa de veinticuatro horas.

NADIE ME NEGÓ EL AMOR

Corría el Año Dos del calendario de A.A.... Un principiante llegó a uno de estos grupos... Pronto demostró que el suyo era un caso desesperado y que, sobre todo, quería recuperarse... [Dijo él] "ya que soy víctima de otro tipo de adicción aun más estigmatizada que el alcoholismo, puede que no me quieran entre ustedes".

DOCE PASOS Y DOCE TRADICIONES, p. 138

Acudí a ustedes como una esposa, una madre, una mujer que había abandonado a su esposo, a sus hijos, a su familia. Una borracha, una adicta a las píldoras, una nada. Sin embargo, nadie me negó amor, cariño, un sentimiento de pertenecer. Hoy por la gracia de Dios y el amor de una buena madrina y un grupo base, puedo decir que por medio de ustedes en Alcohólicos Anónimos — yo soy una esposa, una madre, una abuela y una mujer. Sobria. Libre de píldoras. Responsable.

Sin el Poder Superior que encontré en la Comunidad, mi vida no tendría sentido. Estoy llena de gratitud por ser miembro de Alcohólicos Anónimos.

MIRAR HACIA ADENTRO

Sin temor hicimos un minucioso inventario moral de nosotros mismos.

DOCE PASOS Y DOCE TRADICIONES, p. 39

El Paso Cuatro es el esfuerzo vigoroso y cuidadoso para descubrir cuáles eran y cuáles son nuestros defectos. Yo quiero saber exactamente cómo, cuándo y dónde mis deseos naturales me deformaron. Quiero ver directamente la infelicidad que esto causó a otros y a mí mismo. Al descubrir cuáles son mis deformaciones emocionales, puedo empezar a corregirlos. Sin un esfuerzo voluntario y perseverante para hacer esto, puede haber para mí poca sobriedad o contento.

Necesito tener un conocimiento claro y seguro de mí mismo para resolver emociones ambivalentes. Tal conocimiento no se logra de la noche a la mañana, y nadie tiene un conocimiento permanente de sí mismo. Cada uno tiene la capacidad para desarrollarse y conocerse a sí mismo por medio de un sincero enfrentamiento con la realidad. Cuando no evito los problemas sino que los enfrento directamente, siempre tratando de resolverlos, cada vez hay menos.

FORMACIÓN DEL CARÁCTER

Exigir demasiada atención, protección, y amor a otra gente sólo puede incitar en los mismos protectores la repulsión y la dominación…

DOCE PASOS Y DOCE TRADICIONES, p. 41

Cuando en el Cuarto Paso descubrí mi necesidad de aprobación, no creí que esto debiera considerarse un defecto de carácter. Prefería pensar que era una cualidad ventajosa (es decir, el deseo de agradar a la gente). Pronto se me hizo ver que esta "necesidad" puede ser paralizadora. Hoy todavía me agrada recibir la aprobación de otros, pero no estoy dispuesto a pagar el precio que acostumbraba pagar por obtenerla. No tengo que doblarme como una lombriz para gustarle a otros. Si yo obtengo su aprobación, está muy bien; pero si no, puedo sobrevivir sin ella. Soy responsable de decir lo que yo considero es la verdad, no lo que crea que otros quieren oír.

Igualmente, mi falso orgullo siempre me mantenía demasiado preocupado por mi reputación. Desde que fui iluminado en el programa de A.A., mi objetivo es mejorar mi carácter.

ACEPTAR QUE SOMOS HUMANOS

Finalmente llegamos a darnos cuenta de que el inventario debía ser el nuestro y no el de la otra persona. Así que admitimos nuestros errores honestamente y nos dispusimos a enmendarlos.

COMO LO VE BILL, p. 222

¿Por qué el alcohólico es tan reacio a aceptar responsabilidades? Solía beber a causa de las cosas que otra gente me hacía. Una vez que entré a A.A. se me dijo que buscara en dónde me había equivocado. ¿Qué tenía yo que ver con todos estos asuntos? Cuando yo simplemente aceptaba que había tenido mi parte en ellos, pude ponerlo por escrito y verlo como era — cosas humanas. No se espera que sea perfecto. Yo he cometido errores antes y los seguiré cometiendo. El ser honesto respecto a ellos me permite aceptarlos —y aceptarme a mí mismo— y a aquellos con quienes tenía diferencias; desde ahí, la recuperación está sólo a una corta distancia.

LLORAR POR LA LUNA

"Este auténtico sentimiento de inferioridad se ve exagerado por su sensibilidad pueril y esta situación es la que genera en él esta ansia insaciable y anormal de aprobación personal y de éxito ante los ojos del mundo. Niño todavía, llora por la luna. Y parece que la luna no quiere escucharle".

LENGUAJE DEL CORAZÓN, p. 101

Cuando bebía, parecía oscilar entre sentirme totalmente invisible y creerme el centro del universo. La búsqueda de ese elusivo equilibrio entre los dos ha llegado a ser una parte de mi recuperación. La luna por la que constantemente lloraba, ahora en mi sobriedad rara vez está llena; en vez de eso, me enseña sus otras muchas fases, y en todas ellas hay lecciones que aprender. Un verdadero aprendizaje frecuentemente ha sido precedido por un eclipse, momentos de oscuridad, pero con cada cielo de mi recuperación, la luz se hace más fuerte y mi visión es más clara.

VERDADERA HERMANDAD

Nunca hemos intentado ser un miembro de la familia, un amigo entre amigos, un trabajador entre otros trabajadores, y un miembro útil de la sociedad. Siempre hemos luchado por destacarnos del montón o por escondernos. Este comportamiento egoísta nos impedía tener una relación equilibrada con cualquier persona a nuestro alrededor. No teníamos la menor comprensión de lo que es la auténtica hermandad.

DOCE PASOS Y DOCE TRADICIONES, p. 50

Este mensaje que aparece en el Paso Cuatro fue el primero que yo oí con toda claridad; ¡yo no me había visto antes descrito en letras de imprenta! Antes de llegar a A.A. no sabía de ningún lugar donde se me pudiera enseñar a ser una persona entre otras personas. Desde mi primera reunión veía a la gente haciendo eso y yo quería lo que ellos tenían. Una de las razones por la que hoy soy un alcohólico feliz y sobrio es que estoy aprendiendo esta importantísima lección.

UN PROCESO PARA TODA LA VIDA

*Teníamos dificultades en nuestras relaciones inter-
personales, no podíamos controlar nuestra naturaleza
emocional, éramos presa de la angustia y de la depresión, no encontrábamos un medio de vida, teníamos la sensación de ser inútiles, estábamos llenos de
temores, éramos infelices, parecía que no podíamos
servirles para nada a los demás...*

ALCOHÓLICOS ANÓNIMOS, p. 52

Estas palabras me recuerdan que yo tengo más problemas que el alcohol, que el alcohol es solamente
un síntoma de una enfermedad más penetrante.
Cuando dejé de beber empecé un proceso para toda
la vida de recuperación de emociones turbulentas, de
relaciones dolorosas y de situaciones inmanejables.
Este proceso es demasiado para la mayoría de nosotros sin la ayuda de un Poder Superior y de nuestros
amigos de la Comunidad. Cuando empecé a trabajar
los Pasos muchos de estos hilos enmarañados se des-
hicieron, y poco a poco se fueron reparando los lugares más despedazados de mi vida. Un día a la vez,
casi imperceptiblemente me sané. Disminuyeron mis
temores como un termostato que se hubiera bajado.
Empecé a experimentar momentos de alegría. Mis
emociones se hicieron menos volubles. Ahora, de
nuevo, soy parte de la familia humana.

UN ANCHO ARCO DE GRATITUD

Y, por mi parte y por la del Dr. Bob, afirmo con toda gratitud que, si no hubiera sido por nuestras esposas, Anne y Lois, ninguno de los dos podríamos haber vivido para ver los comienzos de A.A.

COMO LO VE BILL, p. 67

¿Soy capaz de tan generoso tributo y gratitud para con mi esposa, padres y amigos, sin cuyo apoyo nunca hubiera sobrevivido para llegar a las puertas de A.A.? Yo trabajaré en esto y trataré de ver el plan que mi Poder Superior me está enseñando y que vincula nuestras vidas.

UNA MIRADA ADENTRO

Queremos saber exactamente cómo, cuándo y dónde nuestros deseos naturales nos han retorcido. Queremos afrontar, sin pestañear, la infelicidad que esto ha causado a otras personas y a nosotros mismos. Al descubrir cuáles son nuestras deformaciones emocionales, podemos empezar a corregirlas.

DOCE PASOS Y DOCE TRADICIONES, p. 40

Hoy ya no soy esclavo del alcohol; sin embargo, hay muchas maneras en que la esclavitud todavía amenazaba a mi persona, a mis deseos, incluso a mis sueños. Empero, sin sueños yo no puedo existir; sin sueños no hay nada que me mantenga moviéndome hacia adelante.

Para liberarme debo mirarme por dentro. Tengo que recurrir al poder de Dios para enfrentarme a la persona que más he temido, mi verdadero yo, la persona que Dios quería que yo fuera. A menos que pueda o hasta que lo haga, siempre seguiré huyendo y nunca seré verdaderamente libre. Diariamente le pido a Dios que me enseñe tal libertad.

LIBERACIÓN DEL "REY ALCOHOL"

No supongamos, ni por un momento, que no nos vemos bajo ninguna restricción. Nuestro antiguo tirano, el Rey Alcohol, está siempre listo para aferrarnos entre sus garras. Por eso, el ser libre del alcohol es el gran "deber" que tenemos que lograr; si no, nos volvemos locos, o morimos.

COMO LO VE BILL, p. 134

Cuando bebía, yo vivía en una prisión espiritual, emocional y, algunas veces, física. Había construido mi prisión con barrotes de obstinación y de inmoderación de donde no podía escapar. Los ocasionales períodos secos que parecían prometer la libertad, resultaban ser poco más que esperanzas de indulto. El verdadero escape requería la disposición a seguir cualquier acción apropiada que fuera necesaria para abrir el cerrojo. Con esa disposición y acción, tanto el cerrojo como los barrotes se abrieron para mí. Una disposición y acción continuas me mantienen libre —en una especie de libertad condicional diaria— que no tiene por qué terminar.

MADURAR

*La esencia de todo progreso es la buena disposición
para hacer los cambios que conducen a lo mejor y
luego la resolución de aceptar cualesquier responsabilidades que estos cambios nos entrañen.*

COMO LO VE BILL, p. 115

Algunas veces, cuando yo he llegado a estar dispuesto a hacer lo que debería estar haciendo, quiero
alabanzas y reconocimiento. No me doy cuenta de
que cuanto más dispuesto esté a cambiar mi forma
de actuar, más emocionante es mi vida. Cuanto más
dispuesto esté a ayudar a otros, más recompensas
recibo. Esto es lo que para mí significa practicar los
principios. La diversión y los beneficios están para
mí en la disposición a hacer las acciones, no en los
resultados inmediatos. Ser un poco más bondadoso, un poco más paciente, un poco más cariñoso,
hace mejorar mi vida día tras día.

UNA PALABRA PARA ELIMINAR

A muchos de nosotros nos costaba mucho tiempo ver lo engañados que estábamos por nuestras volubles emociones. Podíamos verlas rápidamente en otras personas, pero tardábamos mucho en verlas en nosotros mismos. Ante todo, era necesario admitir que teníamos muchos de estos defectos, aunque el hacerlo nos causara mucho dolor y humillación. En lo que respecta a otra gente, teníamos que eliminar la palabra "culpa" de nuestro vocabulario y de nuestros pensamientos.

DOCE PASOS Y DOCE TRADICIONES, p. 44

Cuando yo di mi Cuarto Paso, siguiendo lo sugerido por el Libro Grande, noté que mi lista de quejas estaba llena de mis prejuicios y de echar la culpa a otros por no haber podido triunfar y no aprovechar plenamente mis talentos. También descubrí que me sentía diferente porque era negro. Según seguía trabajando en el Paso, me di cuenta de que siempre había bebido para deshacerme de esos sentimientos. Sólo cuando logré mi sobriedad y trabajé en mi inventario, pude dejar de echar la culpa a otras personas.

RENUNCIAR A LA DEMENCIA

*...en lo que concierne al alcohol hemos sido extraña-
mente dementes.*

ALCOHÓLICOS ANÓNIMOS, p. 38

Lo quisiera o no, el alcoholismo requería que yo
bebiera. La demencia dominaba mi vida y era la
esencia de mi enfermedad. Me robaba mi libertad de escoger respecto a la bebida y, consiguien-
temente, me robaba todas las demás opciones.
Cuando bebía no podía tomar decisiones eficaces
referentes a cualquier aspecto de mi vida y ésta se
convirtió en inmanejable.

Le pido a Dios que me ayude a entender y aceptar el significado total de la enfermedad del alcoholismo.

EL FALSO CONSUELO DE LA AUTOCONMISERACIÓN

La autoconmiseración es uno de los defectos más infelices y que más nos carcomen que conozcamos. Es un obstáculo para todo progreso espiritual y puede cortar toda efectiva comunicación con nuestros compañeros, debido a su reclamación exagerada de atención y simpatía. Es una forma sensiblera del martirio que difícilmente nos podemos permitir.

COMO LO VE BILL, p. 238

El falso consuelo de la autoconmiseración me saca de la realidad sólo momentáneamente y después exige, como una droga, que yo tome dosis cada vez mayores. Si yo sucumbo a esto, me puede llevar a una recaída en la bebida. ¿Qué puedo hacer? Un antídoto eficaz es poner mi atención, aunque sea muy ligeramente al principio, en otros que son verdaderamente menos afortunados que yo y preferiblemente en otros alcohólicos. Mi propio sufrimiento exagerado disminuirá en el mismo grado en que demuestre activamente mi simpatía con ellos.

EL "OFENSOR NÚMERO UNO"

El resentimiento es el ofensor número uno. Destruye más alcohólicos que cualquier otra cosa. De éste se derivan todas las formas de enfermedad espiritual, ya que nosotros hemos estado no solamente física y mentalmente enfermos, sino también espiritualmente.

ALCOHÓLICOS ANÓNIMOS, p. 64

Cuando yo me veo practicando el Cuarto Paso, es fácil pasar por alto el daño que yo he causado, porque fácilmente puedo verlo como una cuestión de "desquitarme" por algún daño que me hicieron. Si vuelvo a vivir mis viejas heridas, esto es un resentimiento y los resentimientos ocultan de mi alma la luz del sol. Si continúo reviviendo los dolores y los odios, me heriré y odiaré a mí mismo. Después de años en la obscuridad de los resentimientos, he encontrado la luz del sol. Tengo que despojarme de mis resentimientos; no puedo permitirme el lujo de conservarlos.

LA ESCLAVITUD DE LOS RESENTIMIENTOS...

...este asunto de los resentimientos es infinitamente grave. Porque cuando estamos abrigando estos sentimientos nos cerramos a la luz del espíritu.

COMO LO VE BILL, p. 5

Ya se ha dicho, "La ira es un lujo que no me puedo permitir". ¿Sugiere esto que yo ignore esta emoción humana? No lo creo. Antes de enterarme del programa de A.A. yo era un esclavo de los moldes de comportamiento del alcoholismo. Estaba encadenado a la negatividad, sin esperanza de poder desencadenarme.

Los Pasos me ofrecieron una alternativa. El Paso Cuatro fue el principio del fin de mi cautiverio. El proceso de "desprenderme" empezó con un inventario. No tenía que estar atemorizado, porque los Pasos previos me aseguraron que no estaba solo. Mi Poder Superior me guió a esta puerta y me dio el regalo de poder escoger. Hoy puedo escoger abrir la puerta hacia la libertad y regocijarme a la luz de los Pasos, según limpian el espíritu dentro de mí.

LA IRA: UN "LUJO DUDOSO"

*Si íbamos a vivir, teníamos que estar libres de la ira.
El descontento y la agitación mental no eran para
nosotros. Pueden ser un dudoso lujo para personas
normales, pero para los alcohólicos estas cosas son
veneno.*

ALCOHÓLICOS ANÓNIMOS, p. 66

"Lujo dudoso". Cuán frecuentemente he recordado
estas palabras. La ira no es lo único que debemos
dejar para los no-alcohólicos; yo hice una lista
en la que incluí los resentimientos justificables, la
autoconmiseración, el juzgar a otros, la hipocre-
sía, el falso orgullo y la falsa humildad. Siempre
me asombro al leer la frase en mención. Con tanta
insistencia se me han inculcado los principios del
programa que sigo pensando que todos esos defectos aparecen en la citación. Menos mal que no me
los puedo permitir — de lo contrario, seguramente
me entregaría a ellos.

EL AMOR Y EL TEMOR COMO COSAS OPUESTAS

Todas estas flaquezas generan el miedo, que es, en sí mismo, una enfermedad del alma.

DOCE PASOS Y DOCE TRADICIONES, p. 46

"El temor llamó a la puerta; contestó la fe; nadie estaba allí". Yo no sé quién dijo lo anterior, pero la verdad es que indica muy claramente que el temor es una ilusión. Yo mismo creo la ilusión.

En mi juventud, yo experimenté el temor y pensaba equivocadamente que su mera presencia me hacía un cobarde. No sabía que una de las definiciones de "valor" es la "disposición de hacer lo correcto a pesar del temor". El valor entonces no es necesariamente la ausencia del temor.

Durante las épocas en que yo no tenía amor en mi vida, con toda seguridad tenía temor. Temer a Dios es tenerle miedo a la alegría. Mirando retrospectivamente, me doy cuenta de que, durante las épocas en que más temía a Dios, no había alegría en mi vida. Según aprendí a no temer a Dios, aprendí también a experimentar alegría.

HONESTIDAD CON UNO MISMO

El engaño a los demás casi siempre tiene sus raíces en el engaño a nosotros mismos... Cuando somos sinceros con otra persona, tenemos la confirmación de que hemos sido sinceros con nosotros mismos y con Dios.

COMO LO VE BILL, p. 17

Cuando yo bebía, me engañaba a mí mismo respecto a la realidad, corrigiéndola para que fuera como yo la quería. Engañar a otros es un defecto de carácter — aunque sea una pequeña exageración o un "lavadito" de mis motivos para que otros piensen bien de mí. Mi Poder Superior puede quitarme este defecto de carácter, pero primero tengo que dejar de practicar el engaño y así ayudarme a mí mismo a estar dispuesto a recibir esa ayuda. Todos los días tengo que recordar que engañarme a mí mismo es sentar las bases para el fracaso o la desilusión en la vida y en Alcohólicos Anónimos. Una relación íntima y *honesta* con un Poder Superior es la única base sólida que he encontrado para ser honesto conmigo y con otros.

HERMANOS POR NUESTROS DEFECTOS

Nosotros los alcohólicos recuperados no somos hermanos por nuestras virtudes, sino hermanos por nuestros defectos y por nuestros esfuerzos comunes para superarlos.

COMO LO VE BILL, p. 167

La identificación que un alcohólico tiene con otro es misteriosa, espiritual — casi incomprensible. Pero está allí. Yo la "siento". Hoy, siento que puedo ayudar a otros y que ellos me pueden ayudar.

Preocuparme por alguien es para mí una sensación nueva y emocionante; importarme sus sentimientos, sus esperanzas, sus oraciones; saber de sus tristezas, de sus alegrías, de sus horrores, de sus penas, de sus pesares; querer compartir estos sentimientos para que alguien pueda encontrar alivio. Nunca sabía cómo hacer esto — ni cómo tratar de hacerlo. Ni siquiera me importaba. La Comunidad de A.A. y Dios me están enseñando a preocuparme de otros.

AUTOEXAMEN

Antes de empezar, le pedimos a Dios que dirija nues-
tro pensamiento, pidiendo especialmente que esté libre
de autoconmiseración y de motivos falsos y egoístas.

ALCOHÓLICOS ANÓNIMOS, p. 86

Esta oración, cuando la digo sinceramente, me
enseña a ser verdaderamente generoso y humilde,
porque aun al hacer buenas acciones, a menudo
buscaba aprobación y gloria para mi persona. Si
examino mis motivos en todo lo que yo hago, puedo
ser servicial a Dios y a otros, ayudándolos a hacer
lo que ellos desean hacer. Muchas preocupaciones
innecesarias son eliminadas cuando dejo a Dios a
cargo de mis pensamientos y creo que Él me guía
durante el transcurso del día. Cuando elimino los
sentimientos de autoconmiseración, de deshonestidad y de egocentrismo, tan pronto como entran en
mi mente, encuentro paz con Dios, con mis semejantes y conmigo mismo.

CULTIVAR LA FE

"No creo que podamos hacer algo muy bien en este mundo a menos que lo practiquemos... Debemos practicar adquirir el espíritu de servicio y debemos adquirir alguna fe, lo que no se hace fácilmente, en particular si la persona ha sido muy materialista, siguiendo la moda de la sociedad de hoy. Pero creo que la fe puede ser adquirida, tiene que ser cultivada; eso no fue fácil para mí y asumo que es difícil para cualquier otro..."

EL DR. BOB Y LOS BUENOS VETERANOS, p. 322-323

El temor es frecuentemente la fuerza que me impide adquirir y cultivar el poder de la fe. El temor bloquea mi apreciación de la belleza, de la tolerancia, del perdón, del servicio y de la serenidad.

TIERRA NUEVA... RAÍCES NUEVAS

... momentos de percepción pueden irse acumulando para construir toda una vida de serenidad espiritual. Las raíces de la realidad que reemplazan la maleza neurótica, nos agarrarán firmemente a pesar del fuerte viento de las fuerzas adversas que nos destruirían o que podríamos utilizar para destruirnos a nosotros mismos.

COMO LO VE BILL, p. 173

Yo llegué a A.A. todo verde — un tembloroso brote de semilla con sus pequeñas raíces al aire. Vine para sobrevivir pero fue un comienzo. Me estiré, me desarrollé y me retorcí, pero con la ayuda de otros, a su debido tiempo mi espíritu brotó de sus raíces. Fui liberado. Actué, me marchité, me retiré, oré, volví a actuar e iluminado repentinamente volví a entender. Creciendo de mis raíces, mis brazos espirituales alargados como brotes verdes y fuertes se extendieron hacia el cielo.

Aquí en la tierra, Dios sigue ofreciendo incondicionalmente el legado del amor supremo. Mi vida en A.A. me coloca "sobre una base diferente... (mis) raíces habían agarrado una nueva tierra". (*Alcohólicos Anónimos*, p. 12).

A.A. NO ES UNA PANACEA

Sería un producto del falso orgullo pretender que A.A. es una panacea universal — aun para el alcoholismo.

COMO LO VE BILL, p. 285

En mis primeros años de sobriedad estaba lleno de orgullo, pensando que A.A. era el único tipo de tratamiento para lograr una vida buena y feliz. Ciertamente fue el ingrediente básico de mi sobriedad y aun hoy día, con más de doce años en el programa, sigo participando en las reuniones, apadrinamiento y servicio. Durante los primeros cuatro años de mi recuperación, me resultó necesario buscar ayuda profesional, ya que mi salud emocional era muy pobre. También hay otros que han encontrado sobriedad y felicidad en otras organizaciones. A.A. me enseñó que tenía la opción de hacer todo lo que fuera necesario para enriquecer mi sobriedad. Puede ser que A.A. no sea un curalotodo, pero es el centro de mi vida sobria.

APRENDER A AMARNOS A
NOSOTROS MISMOS

*El alcoholismo nos había creado una existencia muy
solitaria, aunque hubiéramos estado rodeados de
gente que nos quería... Intentábamos encontrar la
seguridad emocional dominando a los demás o de-
pendiendo de ellos... Seguíamos intentando en vano
lograr la seguridad por medio de una forma malsana
de dominación o dependencia.*

COMO LO VE BILL, p. 252

Cuando hice mi inventario personal descubrí que
tenía relaciones poco saludables con la mayoría de
la gente en mi vida — por ejemplo con mis amistades y con mi familia. Siempre me sentía aislado y
solitario. Bebía para adormecer mi dolor emocional.

Por medio de permanecer sobrio, de tener un
buen padrino y de trabajar los Doce Pasos, podía
aumentar mi reducida dignidad. Primero, los Doce
Pasos me enseñaron a ser mi mejor amigo, y entonces, cuando logré amarme a mí mismo, pude llegar
a amar a otros.

ENTRAR EN UNA NUEVA DIMENSIÓN

"En las últimas etapas de nuestras carreras de bebedores, se nos desvanece la voluntad de resistir. No obstante, cuando admitimos la derrota absoluta y estamos totalmente dispuestos a ensayar los principios de A.A., se nos desvanece nuestra obsesión y entramos en una nueva dimensión — la libertad bajo Dios como nosotros Lo concebimos".

COMO LO VE BILL, p. 283

Me siento afortunado por estar entre aquellos que han tenido esta asombrosa transformación de sus vidas. Cuando entré por las puertas de A.A. solo y desesperado, había sido tan golpeado que estaba dispuesto a creer cualquier cosa que oyera. Una de las cosas que oí fue, "Esta puede ser la última resaca de tu vida, o puedes seguir en el círculo vicioso". Obviamente, el hombre que dijo esto estaba en una condición mucho mejor que la mía. Me gustó la idea de admitir mi derrota, y desde entonces he estado libre. Mi corazón escuchó lo que mi mente nunca pudo oír: "Ser impotente ante el alcohol no es una gran cosa". ¡Yo estoy libre y agradecido!

EL PUNTO ESENCIAL NO ES LA FELICIDAD

No creo que la cuestión esté en la felicidad o la infelicidad. ¿Cómo abordamos los problemas que se nos presentan? ¿Cómo aprendemos mejor de estos problemas, y cómo transmitimos lo que hemos aprendido a otra gente que deseen estos conocimientos?

COMO LO VE BILL, p. 306

En mi búsqueda de "ser feliz", cambié empleos, me casé y me divorcié, tomé curas geográficas y me metí en deudas — financieras, emocionales y espirituales. En A.A. estoy aprendiendo a madurar. En vez de exigir a la gente, lugares y cosas, que me hagan feliz, puedo pedir a Dios que me haga aceptarme a mí mismo. Cuando me abruma mi problema, los Doce Pasos de A.A. me ayudarán a desarrollarme a través del dolor. La experiencia que gano puede ser un regalo para otros que sufren del mismo problema. Como dijo Bill, "Cuando llega el dolor, se espera de nosotros que aprendamos de buena gana la lección que nos deje, y ayudemos a otros a aprender. Cuando la felicidad llega, la aceptamos como un don, y le damos gracias a Dios por ella" (*Como lo Ve Bill*, p. 306).

DESCUBRIMIENTOS ALEGRES

Nos damos cuenta de lo poco que sabemos. Dios constantemente nos revelará más, a ti y a nosotros. Pídele a Él en tu meditación por la mañana, que te inspire lo que puedes hacer ese día por el que todavía está enfermo. Recibirás la respuesta si tus propios asuntos están en orden. Pero, obviamente, no se puede transmitir algo que no se tiene. Ocúpate, pues, de que tu relación con Él ande bien y grandes acontecimientos te sucederán a ti y a infinidad de otros. Esta es para nosotros la Gran Realidad.

ALCOHÓLICOS ANÓNIMOS, p. 164

La sobriedad es un viaje de descubrimientos alegres. Cada día trae nuevas experiencias, una nueva comprensión, esperanzas mayores, fe más profunda, tolerancia más amplia. Debo mantener estos atributos o no tendré nada que pasar.

Para este alcohólico en recuperación los grandes acontecimientos son las alegrías cotidianas de poder vivir otro día en la gracia de Dios.

DOS MAGNÍFICOS CRITERIOS

Todo progreso en A.A. se puede calcular en términos de sólo dos palabras: humildad y responsabilidad. Nuestro desarrollo espiritual se puede medir con precisión en función de nuestro grado de adhesión a estos dos magníficos criterios.

COMO LO VE BILL, p. 271

Reconocer y respetar los puntos de vista, los logros y las prerrogativas de otros, así como aceptar estar equivocado, me enseña el camino de la *humildad*. La práctica de todos los principios de A.A. en todos mis asuntos me guía a ser *responsable*. Hacer honor a estos preceptos me da creencia en la Tradición Cuatro — y en todas las demás Tradiciones de la Comunidad. Alcohólicos Anónimos ha desarrollado una filosofía de vida llena de válidas motivaciones, ricas en grandes principios y en valores éticos, una forma de ver la vida que puede extenderse más allá de los confines de la población alcohólica. Para hacer honor a estos preceptos solamente tengo que orar y cuidar de mis compañeros humanos como si cada uno de ellos fuera mi hermano.

AUTONOMÍA DE GRUPO

Algunos pueden pensar que hemos llevado al extremo el principio de la autonomía de los grupos. Por ejemplo, en su forma original "larga", la Cuarta Tradición declara: "Cuando quiera que dos o tres alcohólicos se reúnan en interés de la sobriedad, podrán llamarse un grupo de A.A., con tal de que como grupo no tengan otra afiliación "* ...Pero esta libertad extrema no es tan peligrosa como parece.

A.A. LLEGA A SU MAYORÍA DE EDAD, p. 104-5

Como alcohólico activo, yo abusé de todas las libertades que la vida me ofrecía. ¿Cómo podía A.A. esperar que yo respetara la "libertad extrema" concedida por la Tradición Cuatro? Aprender a respetar se ha convertido en un trabajo para toda la vida.

A.A. ha hecho que yo acepte completamente la necesidad de la disciplina y que, si no me la impongo desde dentro, pagaré las consecuencias. Esto se aplica también a los grupos. La Tradición Cuatro me encamina en una dirección espiritual a pesar de mis inclinaciones alcohólicas.

---

* Esta es una citación errónea; de hecho, Bill se refiere a la Tercera Tradición en un comentario sobre la Cuarta.

UNA GRAN PARADOJA

Estos legados de sufrimiento y de recuperación se pasan fácilmente entre los alcohólicos, de uno a otro. Esto es nuestro don de Dios, y regalarlo a otros como nosotros es el único objetivo que hoy en día anima a los A.A. en todas partes del mundo.

DOCE PASOS Y DOCE TRADICIONES, p. 147

La gran paradoja de A.A. es que yo sé que no puedo quedarme con el precioso don de la sobriedad a menos que lo pase a otro.

Mi propósito primordial es mantenerme sobrio. En A.A. no tengo ninguna otra meta y la importancia de esto es cuestión de vida o muerte para mí. Si me desvío de este propósito, pierdo. Pero A.A. no es solamente para mí; es para el alcohólico que aún sufre. Multitud de alcohólicos en recuperación permanecen sobrios compartiendo con compañeros alcohólicos. La vía hacia mi recuperación está en enseñar a otros en A.A. que cuando yo comparto con ellos, todos crecemos en la gracia de un Poder Superior, y estamos en el camino del destino feliz.

SANAR EL CORAZÓN Y LA MENTE

Admitimos ante Dios, ante nosotros mismos y ante otro ser humano, la naturaleza exacta de nuestros defectos.

DOCE PASOS Y DOCE TRADICIONES, p. 52

Ya que es verdad que Dios viene a mí a través de la gente, puedo ver que si mantengo a distancia a la gente, también estoy manteniendo a distancia a Dios. Dios está más cerca de mí de lo que yo crea y puedo experimentarlo a Él amando a la gente y permitiendo que la gente me ame. Pero si yo dejo que mis secretos se interpongan no puedo amar ni ser amado.

El que domina es el lado mío que yo rehúso ver. Tengo que estar dispuesto a mirar mi lado oscuro a fin de sanar mi mente y mi corazón porque éste es el camino hacia la libertad. Tengo que adentrarme en las tinieblas para encontrar la luz y en el temor para encontrar la paz.

Revelando mis secretos —y deshaciéndome así de la culpabilidad— puedo efectivamente cambiar mi manera de pensar; cambiando mi manera de pensar, puedo cambiarme a mí mismo. Mis pensamientos crean mi futuro. Lo que piense hoy determina lo que seré mañana.

ALUMBRAR EL OSCURO PASADO

Confíe en la idea de que el tenebroso pasado, estando en manos de Dios, es su más preciada posesión, clave de la vida y de la felicidad de otros. Con ella puede usted evitarles a otros la muerte y el sufrimiento.

ALCOHÓLICOS ANÓNIMOS, p. 124

Mi pasado ya no es una autobiografía; es un libro de consulta para sacarlo del anaquel, abrirlo y compartirlo. Hoy al presentarme a mi trabajo me viene a la mente la más bella imagen. Porque, a pesar de ser un día obscuro —como deben ser algunos días— las estrellas brillarán con más resplandor, más tarde. En un futuro muy cercano seré llamado para atestiguar que ellas brillan. Todo mi pasado será parte de mí este día, porque es la llave, no la cerradura.

LIMPIEZA DE CASA

Por alguna razón, el estar a solas con Dios no parece ser tan embarazoso como sincerarnos ante otro ser humano. Hasta que no nos sentemos para hablar francamente de lo que por tanto tiempo hemos ocultado, nuestra disposición para poner nuestra casa en orden seguirá siendo un asunto teórico.

DOCE PASOS Y DOCE TRADICIONES, p. 57

Para mí no era raro hablar con Dios y conmigo mismo acerca de mis defectos de carácter. Pero, sentarme frente a frente y discutir abiertamente estas cosas tan íntimas con otra persona, era mucho más difícil. Sin embargo, yo reconocí en esta experiencia un alivio similar al que experimenté cuando admití por primera vez que era alcohólico. Empecé a apreciar el significado espiritual del programa y que este Paso era solamente una introducción a lo que iba a venir en los siete Pasos restantes.

"COMPLETAMENTE SINCEROS"

Si esperamos vivir largo tiempo o felizmente en este mundo, necesariamente tenemos que ser completamente sinceros con alguien.

ALCOHÓLICOS ANÓNIMOS, p. 73-74

La honradez, como todas las virtudes, tiene que ser compartida. Empezó después que compartí "…toda la historia (de mi) vida con alguien…" a fin de encontrar mi lugar en la Comunidad. Más tarde compartí mi vida con el fin de ayudar al recién llegado a encontrar su lugar con nosotros. Este compartimiento me ayuda a aprender a ser honrado en todos mis asuntos y a saber que el plan que Dios tiene para mí se hace realidad por medio de una honrada franqueza y buena voluntad.

EL BOSQUE Y LOS ÁRBOLES

…es posible que lo que oigamos decir a Dios cuando estamos solos esté desvirtuado por nuestras propias racionalizaciones y fantasías. La ventaja de hablar con otra persona es que podemos escuchar sus comentarios y consejos inmediatos respecto a nuestra situación…

DOCE PASOS Y DOCE TRADICIONES, p. 57

Es incontable el número de veces que yo, estando enojado y frustrado, me he dicho a mí mismo, "los árboles me impiden ver el bosque". Finalmente me di cuenta de que cuando estoy sufriendo de esa manera, lo que necesito es alguien que me pueda ayudar a distinguir el bosque y los árboles; alguien que pueda sugerirme un mejor camino a seguir; que me pueda ayudar a apagar los incendios y a evitar las rocas y escollos peligrosos.

Cuando estoy en el bosque le pido a Dios que me dé valor para llamar a un miembro de A.A.

"NO ESCONDER NADA"

Lo realmente decisivo es tu buena disposición para confiar en otra persona y la total confianza que deposites en aquel con quien compartes tu primer inventario sincero y minucioso… Con tal que no ocultes nada, cada minuto que pase te irás sintiendo más aliviado. Las emociones que has tenido reprimidas durante tantos años salen a la luz y, una vez iluminadas, milagrosamente se desvanecen. Según van desapareciendo los dolores, los reemplaza una tranquilidad sanadora.

DOCE PASOS Y DOCE TRADICIONES, p. 58-59

Cuando empecé por primera vez a asistir a reuniones de A.A., comenzó a desarrollarse una pequeña semilla de sentimientos aprisionados y entonces el conocimiento de mí mismo se convirtió en una tarea de aprendizaje para mí. Este nuevo conocimiento acarreó un cambio en mis reacciones a las situaciones de la vida. Me di cuenta de que tenía el derecho de tomar decisiones, y la dictadura de mis hábitos personales lentamente iba perdiendo su fuerza.

Creo que si busco a Dios puedo encontrar una mejor manera de vivir y diariamente le pido a Él que me ayude a vivir una vida sobria.

RESPETO PARA OTROS

Estas partes de nuestra historia se las contamos a alguien que comprenda pero que no resulte afectado. La regla es que debemos ser duros con nosotros mismos pero siempre considerados con los demás.

ALCOHÓLICOS ANÓNIMOS, p. 74

La lección que yo he sacado de la cita anterior es el respeto para otros. Si deseo encontrar esa paz mental que he buscado por tanto tiempo, debo hacer todo esfuerzo por liberarme. Sin embargo, nada de esto debe hacerse a expensas de otros. El egoísmo no tiene lugar en la forma de vivir de A.A.

Cuando dé mi Quinto Paso, es más prudente escoger una persona con quien tenga objetivos en común, porque si esa persona no me entiende, mi progreso espiritual puede ser retrasado y yo puedo estar en peligro de una recaída. Así es que pido orientación divina antes de escoger el hombre o la mujer en quien depositar mi confianza.

UN LUGAR DE DESCANSO

Todos los Doce Pasos de A.A. nos piden que actue-
mos en contra de nuestros deseos naturales… todos
ellos desinflan nuestros egos. En cuanto al desinfla-
miento del ego, hay pocos Pasos que nos resulten más
difíciles que el Quinto. Pero tal vez no hay otro Paso
más necesario para lograr una sobriedad duradera y
la tranquilidad de espíritu.

DOCE PASOS Y DOCE TRADICIONES, p. 52

Después de poner por escrito mis defectos de carácter, no tenía deseos de hablar sobre ellos, y decidí que
era hora de dejar de llevar esta carga solo. Tenía que
confesar esos defectos a alguien más. Yo había leído
—y se me había dicho— que no podría mantenerme
sobrio a menos que lo hiciera. El Paso Cinco me daba
un sentimiento de pertenecer, de humildad y serenidad
cuando lo practicaba en mi diario vivir. Fue importante admitir mis defectos de carácter en el orden
que se presentan en el Paso Cinco: "ante Dios, ante
nosotros mismos y ante otro ser humano". Admitirlo
ante Dios prepara el terreno para la admisión ante
mí mismo y ante otra persona. Como lo describe la
práctica del Paso, una sensación de unidad con Dios
y con mi prójimo me llevó a un lugar de descanso en
donde me podía preparar para los otros Pasos hacia
una sobriedad completa y llena de significado.

CAMINAR A TRAVÉS DEL MIEDO

Si todavía nos aferramos a alguna cosa de la que no queremos desprendernos, le pedimos a Dios que nos ayude a tener buena voluntad para hacerlo.

ALCOHÓLICOS ANÓNIMOS, p. 76

Cuando ya había dado mi Quinto Paso, me di cuenta de que todos mis defectos de carácter eran el resultado de mi necesidad de sentirme seguro y amado. Usar solamente *mi voluntad* para trabajar en ellos hubiera sido tratar obsesivamente de resolver el problema. En el Sexto Paso intensifiqué la acción que puse en los tres primeros Pasos — meditar en el Paso diciéndolo una y otra vez, ir a reuniones, seguir las sugerencias de mi padrino, leer y buscar dentro de mí. Durante los primeros tres años de sobriedad tenía miedo de entrar sola en un ascensor. Un día decidí que debía hacer frente a este temor. Le pedí ayuda a Dios, entré al ascensor, y allí en una esquina, había una señora llorando. Me dijo que desde el fallecimiento de su esposo ella había tenido un miedo mortal de los ascensores. Yo olvidé mi temor y la conforté. Esta experiencia espiritual me ayudó a ver que la buena voluntad era la clave para practicar el resto de los Doce Pasos de la recuperación. Dios ayuda a aquellos que se ayudan a sí mismos.

LIBRE AL FIN

Otro gran beneficio que podemos esperar del hecho de confiar nuestros defectos a otra persona es la humildad — una palabra que suele interpretarse mal. Para los que hemos hecho progresos en A.A., equivale a un reconocimiento claro de lo que somos y quiénes somos realmente, seguido de un esfuerzo sincero de llegar a ser lo que podemos ser.

DOCE PASOS Y DOCE TRADICIONES, p. 55

En mi fuero interno yo sabía que si quería sentirme alegre, feliz y libre, tendría que compartir mi vida pasada con otro individuo. La alegría y el alivio que experimenté después de hacerlo es algo indescriptible. Casi inmediatamente después de dar el Quinto Paso, me sentí libre de la esclavitud del ego y del alcohol. Esta libertad permanece después de 36 años, un día a la vez. Descubrí que Dios podía hacer por mí lo que yo no podría hacer solo.

UNA NUEVA SENSACIÓN DE PERTENECER

Hasta que no hablamos con perfecta franqueza de nuestros conflictos y no escuchamos a otro hacer la misma cosa, seguíamos con la sensación de no pertenecer.

DOCE PASOS Y DOCE TRADICIONES, p. 54

Después de cuatro años en A.A., al fin pude liberarme de la carga de emociones escondidas que tenía y que me habían causado tanto dolor. Con la ayuda de A.A. y otro asesoramiento fui liberado del dolor y pude sentir una sensación de pertenecer y de paz interior. También pude sentir una alegría y un amor a Dios que nunca había experimentado antes de eso. Me llena de admiración el poder del Paso Cinco.

EL PASADO YA PASÓ

La experiencia de A.A. nos ha enseñado que no pode-
mos vivir a solas con nuestros problemas apremiantes
y los defectos de carácter que los causan o los agra-
van. Si... a la luz del Cuarto Paso, hemos visto ilumi-
nadas y destacadas aquellas experiencias que preferi-
ríamos no recordar..., entonces, la necesidad de dejar
de vivir a solas con los fantasmas atormentadores del
pasado cobra cada vez más urgencia. Tenemos que
hablar de ellos con alguien.

DOCE PASOS Y DOCE TRADICIONES, p. 52

Lo hecho, hecho está. No se puede cambiar. Pero lo
que sí puedo cambiar es mi actitud respecto a ello,
hablando con aquellos que ya han pasado por eso y
que han tenido sus padrinos. Yo puedo desear que
el pasado no hubiera existido, pero si cambio mis
acciones respecto a lo que he hecho, mis actitudes
cambiarán. No tendré que desear que el pasado no
haya existido. Puedo cambiar mis sentimientos y
mis actitudes, pero sólo por medio de mis acciones
y la ayuda de mis compañeros alcohólicos.

EL CAMINO MÁS FÁCIL Y CÓMODO

Si saltamos este vital paso, puede ser que no superemos la bebida.

ALCOHÓLICOS ANÓNIMOS, p. 72

No me sentía muy entusiasmado por la oportunidad de hacerle frente a la persona que yo era, especialmente cuando los dolores de mis días de bebedor se cernían sobre mí como una nube obscura. Desde muy temprano había oído hablar en las reuniones del compañero que no quería dar el Paso Cinco y continuaba viniendo a las reuniones todo tembloroso por los horrores de volver a vivir su pasado. *El camino más fácil y cómodo* es dar estos Pasos hacia la liberación de nuestra fatal enfermedad y poner nuestra fe en la Comunidad y en nuestro Poder Superior.

ESTÁ BIEN SER "YO"

*Una y otra vez los recién llegados han tratado de
guardarse ciertos hechos de sus vidas… se han aco-
gido a ciertos métodos más fáciles… Pero no habían
aprendido lo suficiente sobre humildad…*

ALCOHÓLICOS ANÓNIMOS, p. 72

Humildad suena mucho a humillación, pero realmente es la habilidad de poder mirarme a mí mismo
— y aceptar honestamente lo que encuentre. Ya no
necesito ser el "más ingenioso" ni el "más tonto" ni
ningún "más". Por fin está bien ser "yo". Si comparto toda mi vida es más fácil aceptarme a mí
mismo. Si no puedo compartir en las reuniones, es
mejor que tenga un padrino — alguien con quien
yo pueda compartir "ciertos hechos" que pueden
llevarme otra vez a beber y a la muerte. Tengo que
dar todos los Pasos. Necesito el Quinto Paso para
aprender la verdadera humildad. Los métodos más
fáciles no funcionan.

CONOCE A DIOS; CONOCE LA PAZ

Es evidente que una vida en la que hay resentimien-
tos profundos sólo conduce a la futileza y a la infe-
licidad... Pero con el alcohólico, cuya esperanza es
el mantenimiento y el desarrollo de una experiencia
espiritual, este asunto de los resentimientos es infini-
tamente grave.

ALCOHÓLICOS ANÓNIMOS, p. 66

Conoce a Dios;
Conoce la paz.
No hay Dios;
No hay paz.

NOSOTROS PERDONAMOS

Muchas veces, mientras practicábamos este Paso con la ayuda de nuestros padrinos o consejeros espirituales, por primera vez nos sentimos capaces de perdonar a otros, fuera cual fuera el daño que creíamos que nos habían causado. Nuestro inventario moral nos dejó convencidos de que lo deseable era el perdón general, pero hasta que no emprendimos resueltamente el Quinto Paso, no llegamos a saber en nuestro fuero interno que podríamos recibir el perdón y también concederlo.

DOCE PASOS Y DOCE TRADICIONES, p. 55

¡Qué gran sensación es el perdonar! Qué revelación de mi naturaleza emocional, psicológica y espiritual. No se necesita más que la disposición de perdonar; Dios hace el resto.

…Y PERDONAR

Bajo circunstancias muy difíciles, repetidas veces he tenido que disculpar a otras personas — y a mí mismo.

COMO LO VE BILL, p. 268

El perdón a sí mismo y el perdón a otros son solamente dos corrientes del mismo río, ambas obstaculizadas o detenidas completamente por la represa de los resentimientos. Una vez que se abre la represa, ambas corrientes pueden fluir. Los Pasos de A.A. me hacen posible ver cómo se han ido acumulando mis resentimientos, cortando así ese flujo en mi vida. Los Pasos facilitan el medio por el cual mis resentimientos —por la gracia de Dios, como yo lo concibo— pueden ser levantados.

LA LIBERTAD DE SER "YO"

Si nos esmeramos en esta fase de nuestro desarrollo, nos sorprenderemos de los resultados antes de llegar a la mitad del camino. Vamos a conocer una libertad y una felicidad nuevas.

ALCOHÓLICOS ANÓNIMOS, p. 83

Mi primera verdadera libertad es la libertad de no tener que tomar un trago hoy. Si verdaderamente la deseo, practicaré los Doce Pasos, y a través de ellos me llegará la felicidad de esta libertad — algunas veces rápidamente, otras veces lentamente. Otras libertades vendrán después y el hacer un inventario de ellas es en sí una nueva felicidad. Hoy tengo una nueva libertad, la libertad de ser "yo". Tengo la libertad de ser el mejor yo que jamás haya sido.

DAR SIN ESPERAR NADA

Pero se da perfecta cuenta de que su felicidad es un
subproducto — este dividendo de dar sin exigir nada
a cambio.

COMO LO VE BILL, p. 69

Al principio de ingresar en el programa, la idea de dar sin condiciones era difícil de comprender. Cuando otros querían ayudarme, tenía sospechas. Pensaba, "¿Qué quieren ellos a cambio?" Pero pronto llegué a conocer la alegría de ayudar a otro alcohólico y a comprender por qué ellos estaban ahí para mí al principio. Cambiaron mis actitudes y quise ayudar a otros. Algunas veces me ponía inquieto porque yo quería que ellos supieran de las alegrías de la sobriedad, que la vida puede ser preciosa. Cuando mi vida está llena del Dios amoroso de mi entendimiento y doy amor a mis compañeros alcohólicos, me siento poseedor de una riqueza tan especial que es difícil de explicar.

UN DÍA A LA VEZ

Por encima de todo, toma las cosas un día a la vez.

COMO LO VE BILL, p. 11

¿Por qué me engaño a mí mismo diciéndome que tengo que alejarme de la bebida solamente por un día, cuando sé muy bien que nunca debo beber otra vez en mi vida? No me estoy engañando, porque un día a la vez es probablemente la única manera en que yo puedo alcanzar el objetivo a largo plazo de mantenerme sobrio.

Si me resuelvo a nunca más beber mientras viva, creo las condiciones para un fracaso. ¿Cómo puedo estar seguro de que no beberé cuando no tengo idea de lo que me espera en el futuro?

En el plan de un día a la vez, tengo la confianza de que puedo estar alejado de la bebida por un día. Así es que empiezo con confianza. Al fin del día tengo la recompensa de haberlo logrado. El haberlo logrado me hace sentir bien y me da el deseo de más.

UNA LISTA DE BENDICIONES

Un ejercicio que practico es el de tratar de hacer un inventario completo de mis bendiciones…

COMO LO VE BILL, p. 37

¿Por qué tenía que estar agradecido? Me retiré y empecé a hacer una lista de las bendiciones por las cuales yo no había tenido que hacer nada, empezando por haber nacido con una mente y cuerpo sanos. Hice un repaso de setenta y cuatro años de vida hasta el presente momento. La lista ocupó dos páginas y tardé dos horas en hacerla; incluí salud, familia, dinero, A.A. — toda la gama.

En mis oraciones todos los días le pido a Dios que me ayude a recordar mi lista, y a estar agradecido por ella todo el día. Cuando recuerdo mi lista de gratitud, es muy difícil llegar a la conclusión de que Dios me esté fastidiando.

PRIMER PASO

ADMITIMOS... ("Nosotros", la primera palabra del Primer Paso).

DOCE PASOS Y DOCE TRADICIONES, p. 19

Cuando yo bebía lo único en que pensaba era "yo, yo, yo" o "mi, mi, mi". Tal dolorosa obsesión con uno mismo, tal enfermedad del alma, tal egoísmo espiritual me tenía atado a la botella más de la mitad de mi vida.

La búsqueda de Dios y hacer Su voluntad un día a la vez empezó con la primera expresión del Primer Paso... "Nosotros". Había poder, fortaleza y seguridad en el plural y para un alcohólico como yo, también había vida. Si yo hubiera tratado de recuperarme solo, probablemente habría muerto. Con Dios y con otro alcohólico tengo un propósito divino en mi vida... Me he convertido en un cauce del amor curativo de Dios.

SALUD ESPIRITUAL

Cuando es superado el mal espiritual, nos compone-
mos mental y físicamente.

ALCOHÓLICOS ANÓNIMOS, p. 64

Es muy difícil para mí aceptar mi enfermedad espiritual debido a mi gran orgullo disfrazado de mi
éxito material y de mi poder intelectual. La inteligencia no es incompatible con la humildad, siempre y cuando yo coloque la humildad en primer
término. Buscar el prestigio y la fortuna es la meta
primordial para muchos en este mundo moderno.
Estar a la moda y parecer mejor de lo que realmente
soy es una enfermedad espiritual.

El reconocer y admitir mi debilidad es el principio de una buena salud espiritual. Pedirle a Dios
todos los días que me ilumine, que reconozca Su
voluntad y que tenga la fortaleza para cumplirla,
es una señal de salud espiritual. Un síntoma de
excelente salud espiritual es saber que cuanto más
mejoro, más me doy cuenta de lo mucho que necesito la ayuda de los demás.

"FELIZ, ALEGRE Y LIBRE"

*Estamos seguros de que Dios quiere que seamos fe-
lices, alegres y libres. No podemos endosar la creencia de que la vida es un valle de lágrimas, aunque en
ocasiones haya sido justamente eso para muchos de
nosotros. Pero es bien claro que nosotros mismos for-
jamos nuestra propia desgracia. Dios no lo hizo. Por
lo tanto evite forjar deliberadamente una desgracia;
pero si se presentan dificultades, aprovéchelas como
oportunidades para demostrar la omnipotencia de Él.*

ALCOHÓLICOS ANÓNIMOS, p. 133

Durante años yo creía en un Dios castigador y lo
culpaba a Él por mi desgracia. Me he dado cuenta
de que debo dejar las "armas" de mi ego a fin de
tomar la "herramienta" del programa de A.A. No
me resisto al programa porque es un regalo y yo
nunca me he resistido a recibir un regalo. Si algunas veces sigo resistiéndome, es porque todavía
estoy aferrado a mis viejas ideas y "…el resultado
es nulo".

GRATITUD PROGRESIVA

La gratitud debe ir adelante y no hacia atrás.

COMO LO VE BILL, p. 29

Estoy muy agradecido porque mi Poder Superior me
ha dado una segunda oportunidad de vivir una vida
digna. Por medio de Alcohólicos Anónimos se me
ha devuelto la cordura. Las promesas se están cumpliendo en mi vida. Estoy agradecido por ser libre
de la esclavitud del alcohol. Estoy agradecido por
la tranquilidad de espíritu y por la oportunidad de
desarrollarme, pero mi gratitud debe ir adelante y no
hacia atrás. No puedo mantenerme sobrio con las
reuniones de ayer o con las pasadas visitas de Paso
Doce; tengo que poner mi gratitud en acción *hoy*.

Nuestro cofundador dijo que la mejor manera
de demostrar nuestra gratitud es llevar el mensaje
a otros. Sin acción, mi gratitud es solamente una
emoción agradable. Tengo que ponerla en acción
trabajando el Paso Doce, llevando el mensaje y
practicando los principios en todos mis asuntos.
Estoy agradecido por la oportunidad de llevar el
mensaje hoy.

CONVERTIR LO NEGATIVO EN POSITIVO

Nuestro desarrollo espiritual y emocional en A.A. no depende tanto de nuestros éxitos como de nuestros fracasos y reveses. Si tienes esto en cuenta, creo que tu recaída tendrá por efecto el impulsarte hacia arriba y no hacia abajo.

COMO LO VE BILL, p. 184

Basándose en el dolor y la adversidad que nuestros fundadores experimentaron y superaron al establecer A.A., Bill W. nos dejó un claro mensaje: Las recaídas pueden ofrecer una experiencia positiva que nos encamine a la abstinencia y a una vida entera de recuperación. Una recaída da veracidad a lo que repetidamente oímos en las reuniones: "No te tomes ese primer trago." Refuerza la creencia en la naturaleza progresiva de la enfermedad, y nos hace apreciar la necesidad y la belleza de la humildad en nuestro programa espiritual. Las verdades simples me llegan de manera complicada cuando me dejo llevar por mi ego.

SIN CULPA SENSIBLERA

Día tras día tratamos de acercarnos un poco a la perfección de Dios. De modo que no tenemos que consumirnos con un sentimiento sensiblero de culpa…

COMO LO VE BILL, p. 15

Cuando descubrí por primera vez que en los Doce Pasos de A.A. no hay un solo "no", yo me desequilibré porque este descubrimiento abrió un portón gigantesco. Solamente entonces pude darme cuenta de lo que A.A. es para mí:

A.A. no es un programa de "no hagas"
sino de "haz".

A.A. no es ley marcial; es libertad.

A.A. no es lágrimas por nuestros defectos,
sino sudor por arreglarlos.

A.A. no es penitencia; es salvación.

A.A. no es "pobre de mí" por mis pecados
pasados y presentes.

A.A. es "alaba a Dios" por el progreso que
estoy haciendo hoy.

LOS MISMOS DERECHOS

En alguna que otra ocasión, la mayoría de los grupos de A.A. se lanzan frenéticamente a inventar reglamentos.... Pasado un tiempo, los temores y la intolerancia se apaciguan.... No queremos privar a nadie de la oportunidad de recuperarse del alcoholismo. Deseamos ser tan inclusivos como podamos, nunca exclusivos.

LA TRADICIÓN DE A.A.: CÓMO SE DESARROLLÓ, p. 10-11-12

A.A. me ofreció una completa libertad y me aceptó por lo que soy. Ser miembro no dependía de la conformidad, del éxito financiero o de la educación, y por eso yo estoy muy agradecido. Frecuentemente me pregunto si yo ofrezco la misma igualdad a otros o si les niego la libertad de ser diferentes. Hoy trato de reemplazar mi temor y mi intolerancia por la fe, la paciencia, el amor y la aceptación. Yo puedo llevar estas virtudes a mi grupo de A.A., a mi hogar y a mi trabajo. Hago un esfuerzo para llevar mi actitud positiva dondequiera que voy.

No tengo ni el derecho, ni la responsabilidad de juzgar a otros. Según sea mi actitud, yo puedo ver a los recién llegados a A.A., a los miembros de mi familia y a mis amigos, como amenazas o como maestros. Cuando pienso en algunas de mis opiniones del pasado, veo muy claro el daño espiritual que me causaba mi fariseísmo.

VERDADERA TOLERANCIA

El único requisito para ser miembro de A.A. es querer dejar de beber.

DOCE PASOS Y DOCE TRADICIONES, p. 135

Oí por primera vez la forma corta de la Tercera Tradición en el Preámbulo. Cuando llegué a A.A. no podía aceptarme a mí mismo, a mi alcoholismo ni a un Poder Superior. Si hubiera existido algún requisito físico, mental, moral o religioso para ser miembro, ya estaría hoy muerto. Bill W. dijo en una charla grabada acerca de las Tradiciones, que la Tercera Tradición es una carta de garantía para la libertad individual. Lo más impresionante para mí fue la sensación de aceptación por parte de los miembros que estaban practicando la Tercera Tradición tolerándome y aceptándome. Creo que la aceptación es amor y el amor es lo que Dios tiene dispuesto para nosotros.

NUESTRO OBJETIVO PRIMORDIAL

*Cuanto más se aferre A.A. a su objetivo primordial,
mayor será su influencia bienhechora en todas partes.*

A.A. LLEGA A SU MAYORÍA DE EDAD, p. 109

Reflexiono con gratitud sobre los primeros años de
nuestra Comunidad y aquellos sabios y cariñosos
"pioneros" que proclamaron la necesidad de no
desviarnos de nuestro objetivo primordial, el de llevar el mensaje al alcohólico que aún sufre.

Deseo mostrar mi respeto a aquellos que trabajan en el campo del alcoholismo, teniendo siempre
en cuenta que A.A. no apoya causas ajenas. Debo
recordar que A.A. no tiene el monopolio de hacer
los milagros, y sigo sintiéndome humildemente agradecido al Dios bondadoso que hizo que A.A. fuera
posible.

DISPOSICIÓN PARA SERVIR A OTROS

...nuestra Sociedad [ha] llegado a la conclusión de que tiene una sola y alta misión — la de llevar el mensaje de A.A. a aquellos que no saben que hay una salida.

DOCE PASOS Y DOCE TRADICIONES, p. 146

La "luz" hacia la libertad resplandece en mis compañeros alcohólicos mientras unos a otros nos animamos a desarrollarnos. Los "Pasos" hacia el mejoramiento personal tienen pequeños comienzos, pero cada Paso es un escalón más de la "escalera" que va desde el abismo de la desesperación hacia una nueva esperanza. La honestidad se convierte en mi "herramienta" para soltar las "cadenas" que me atan. Un padrino, que es una persona que sabe escuchar, me puede ayudar a oír verdaderamente el mensaje que me guía a la libertad.

Le pido a Dios valor para vivir de tal manera que la Comunidad pueda ser un testimonio de sus favores. Esta misión me libera para compartir mis regalos de bienestar por medio de una disposición de espíritu para servir a otros.

UN NUEVO PUNTO DE VISTA

Nuestra actitud y nuestro punto de vista sobre la vida cambiarán.

ALCOHÓLICOS ANÓNIMOS, p. 84

Cuando yo bebía, mi actitud era totalmente egoísta, totalmente centrada en mi persona; mi placer y mi comodidad eran primero. Ahora que estoy sobrio, el egoísmo ha empezado a desvanecerse. Toda mi actitud hacia la vida y hacia otra gente está cambiando. Para mí, la primera "A" en nuestro nombre simboliza la *actitud*. Mi actitud es cambiada por la segunda "A" en nuestro nombre, que simboliza *acción*. Practicando los Pasos, asistiendo a reuniones y llevando el mensaje, puedo recuperar mi sano juicio. Acción es la palabra mágica. Con una actitud positiva de ayuda y una acción regular en A.A., puedo mantenerme sobrio y ayudar a otros a alcanzar la sobriedad. Mi actitud ahora es la de estar dispuesto a hacer todo lo necesario para mantenerme sobrio.

EL SENDERO HACIA ARRIBA

He aquí los pasos que dimos…

ALCOHÓLICOS ANÓNIMOS, p. 59

Estas son las palabras que introducen los Doce Pasos. En su directa simplicidad, ellas hacen a un lado todas las consideraciones psicológicas y filosóficas respecto a la virtud de los Pasos. Describen lo que hice: practiqué los Pasos y el resultado fue la sobriedad. Estas palabras no implican que yo deba caminar el sendero trillado por aquellos que fueron antes que yo, sino más bien significan que para mí hay una manera de lograr la sobriedad y que yo debo encontrar esa manera. Es un nuevo sendero, un sendero que me lleva a la luz infinita en la cima de la montaña. Los Pasos me anuncian las pisadas que son seguras y los abismos que tengo que evitar. Me proporcionan las herramientas que necesito durante gran parte del viaje solitario de mi alma. Cuando hablo de este viaje, comparto mi experiencia, fortaleza y esperanza con otros.

EN ALAS Y EN UNA ORACIÓN

…entonces pasamos al Sexto Paso. Hemos insistido en que la buena voluntad es indispensable.

ALCOHÓLICOS ANÓNIMOS, p. 76

Los Pasos Cuatro y Cinco fueron difíciles pero valieron la pena. Ahora estaba atascado en el Paso Seis y, desesperado, tomé el Libro Grande y leí esta parte. Estaba afuera orando por lograr la buena voluntad, y al levantar la mirada vi una enorme ave ascendiendo hacia el cielo. La vi de repente entregarse a las poderosas corrientes de aire de la montaña. Arrastrada por el viento, abatiéndose y elevándose, el ave hizo cosas aparentemente imposibles. Fue un ejemplo inspirador de una criatura "dejándose llevar" por un poder superior a ella. Me di cuenta de que si el ave hubiera "tratado de recobrar los controles" y volar con menos confianza, usando sólo su fuerza, habría echado a perder su aparente vuelo libre. Este discernimiento me concedió la disposición de rezar la oración del Séptimo Paso.

No siempre es fácil reconocer la voluntad de Dios. Debo buscar y estar listo para aprovechar las corrientes de aire, y en esto me ayudan la oración y la meditación. Ya que yo, por mí mismo, soy nada, le pido a Dios que me haga conocer Su voluntad y me dé el poder y el valor para cumplirla hoy.

DESPRENDERSE DEL ANTIGUO YO

Leyendo cuidadosamente las cinco primeras pro-posiciones, nos preguntamos si hemos omitido algo, porque estamos construyendo un arco por el que pa-saremos para llegar a ser, por fin, hombres libres… ¿Estamos ahora dispuestos a dejar que Dios elimine de nosotros todas esas cosas que hemos admitido son inconvenientes?

ALCOHÓLICOS ANÓNIMOS, p. 75, 76

El Paso Sexto es el último Paso de "preparación". A pesar de que ya he usado la oración extensamente, en los primeros Seis Pasos no he hecho ninguna peti-ción formal a mi Poder Superior. He identificado mis problemas, he llegado a creer que hay una solución, he tomado la decisión de buscar esta solución, y he "limpiado mi casa". Ahora me pregunto: ¿Estoy deseoso de vivir una vida de sobriedad, de cambio, de desprenderme de mi antiguo yo? Debo deter-minar si estoy verdaderamente listo para cambiar. Reviso lo que he hecho y estoy dispuesto a que Dios me libre de todos mis defectos de carácter, porque en el siguiente Paso le diré a mi Creador que estoy dispuesto y pediré ayuda. "Si todavía nos aferramos a alguna, de la que no queremos desprendernos, le pedimos a Dios que nos ayude a tener buena volun-tad para hacerlo". (*Alcohólicos Anónimos,* pág. 76)

¿COMPLETAMENTE LISTO?

"Este es el Paso que separa los hombres de los niños" …la diferencia entre los niños y los hombres es la diferencia entre aquel que se esfuerza por alcanzar un objetivo marcado por él mismo y aquel que aspira alcanzar el objetivo perfecto que es el de Dios. Se sugiere que debemos llegar a estar enteramente dispuestos a aspirar alcanzar la perfección… Al decir "¡Nunca, jamás!" cerramos nuestra mente a la gracia de Dios… Este es el punto en el que abandonamos los objetivos limitados, y nos acercamos a la voluntad de Dios para con nosotros.

DOCE PASOS Y DOCE TRADICIONES, p. 60, 65-66

¿Estoy completamente listo a que Dios me libere de estos defectos de carácter? ¿Reconozco por fin que yo no puedo salvarme por mí mismo? He llegado a creer que no puedo. Si soy incapaz, si mis mejores intenciones resultan mal, si mis deseos son motivados por mi egoísmo y si mi conocimiento y voluntad son limitados — entonces estoy listo a abrazar la voluntad de Dios para mi vida.

NO HACEMOS MÁS QUE TRATAR

¿Puede Él, ahora, quitárnoslas todas — todas sin excepción?

ALCOHÓLICOS ANÓNIMOS, p. 76

Al practicar el Paso Seis me ayudó mucho recordar que me estoy esforzando por conseguir un "progreso espiritual". Algunos de mis defectos de carácter puede que estén conmigo por el resto de mi vida, pero la mayoría han sido atenuados o eliminados. Todo lo que el Paso Seis me pide es que tenga buena voluntad para enumerar mis defectos, reconocer que son míos, y estar dispuesto a descartar los que pueda, solamente por hoy. A medida que me desarrollo en el programa, muchos de mis defectos se vuelven más censurables para mí que anteriormente y, por lo tanto, necesito repetir el Paso Seis para que pueda ser más feliz conmigo mismo y mantener mi serenidad.

ESPERANZA A LARGO PLAZO

Puesto que la mayoría de nosotros nacemos con una abundancia de deseos naturales, no es de extrañar que a menudo les dejemos que se conviertan en exigencias que sobrepasan sus propósitos originales. Cuando nos impulsan ciegamente, o cuando exigimos voluntariosamente que nos den más satisfacciones o placeres de los que nos corresponden, este es el punto en el que nos desviamos del grado de perfección que Dios desea que alcancemos en esta tierra. Esta es la medida de nuestros defectos de carácter o, si prefieres, de nuestros pecados.

DOCE PASOS Y DOCE TRADICIONES, p. 62

Aquí nace la esperanza a largo plazo y se obtiene la perspectiva de la naturaleza de mi enfermedad y el camino de mi recuperación. La belleza de A.A. está en saber que mi vida irá mejorando con la ayuda de Dios. El viaje en A.A. se hace más fructífero, el conocimiento se convierte en verdad, los sueños se hacen realidad — y el hoy es para siempre.

Al entrar en la luz de A.A., mi corazón se llena de la presencia de Dios.

DISPONERSE A CAMBIAR

El autoanálisis es el medio por el cual introducimos la nueva visión, la acción, y la gracia para iluminar el lado oscuro y negativo de nuestra naturaleza. Con ello nos llega el desarrollo de esa clase de humildad que hace posible para nosotros recibir la ayuda de Dios… nos damos cuenta de que poco a poco podemos descartar la vieja vida —la que no funcionó— y reemplazarla por una nueva vida que puede funcionar y que funciona, sean cuales sean las circunstancias.

COMO LO VE BILL, p. 10, 8

Se me ha dado un indulto diario que depende de mi condición espiritual, siempre y cuando busque progreso, no perfección. Para prepararme al cambio, yo practico la buena voluntad, abriéndome a las posibilidades del cambio. Si me doy cuenta de que hay defectos que obstaculizan mi utilidad en A.A. y para otros, me preparo meditando y obteniendo orientación. Para desprenderme y dejárselo a Dios, solamente tengo que entregarle a Él mis viejas costumbres; ya no me resisto ni trato de controlar, sino simplemente creo que, con la ayuda de Dios, he cambiado y el afirmar esta creencia me prepara. Me vacío para llenarme de conciencia, de luz y de amor, entonces estoy preparado para hacerle frente al día con esperanza.

VIVIR EN EL PRESENTE

Primero, tratamos de vivir en el momento presente para poder mantenernos sobrios. Y esto funciona. Una vez que esta idea se convierte en parte integrante de nuestra forma de pensar, nos damos cuenta de que vivir la vida dividida en trozos de 24 horas es una manera eficaz y satisfactoria de enfrentarnos con otros muchos asuntos.

VIVIENDO SOBRIO, p. 23

"Un día a la vez". Dichos como éste y otros pueden parecer ridículos a un recién llegado. Las "contraseñas" de la Comunidad de A.A. pueden ser líneas salvavidas en momentos de tensión. Cada día puede ser como un botón de rosa abriéndose de acuerdo al plan de un Poder superior a mí mismo. Mi programa debe ser plantado en el sitio apropiado, así como habrá que cuidarlo, alimentarlo y protegerlo de las enfermedades. El cultivo requerirá que sea paciente y que tenga en cuenta que algunas flores serán más perfectas que otras. Cada etapa de apertura de los pétalos puede brindar encanto y admiración si yo no interfiero ni dejo que mis esperanzas sobrepasen mi aceptación — y esto trae la serenidad.

¿IMPACIENTE? TRATA LA LEVITACIÓN

Reaccionamos más fuertemente que la gente normal ante las frustraciones.

COMO LO VE BILL, p. 111

La impaciencia con otra gente es una de mis principales fallas. Ir detrás de un auto lento en una línea de "no adelantar", o esperar la cuenta en un restaurante me vuelve loco. Antes de darle a Dios la oportunidad para que me tranquilice, exploto, y eso es lo que yo llamo ser más rápido que Dios. La repetición de estas experiencias me dio una idea. Se me ocurrió que si yo pudiera mirar estos eventos desde el punto de vista de Dios, podría controlar mejor mis emociones y mi comportamiento. Lo traté y cuando me encontré con el siguiente conductor lento, me elevé por levitación y miré desde arriba al otro auto y al mío. Vi a una pareja de abuelos conversando alegremente acerca de sus nietos. Yo iba detrás de ellos —el ceño fruncido y la cara roja— sin siquiera tener que cumplir con un horario. Me vi tan tonto que bajé a la realidad y disminuí la marcha. Ver las cosas desde el punto de vista de Dios puede ser muy tranquilizador.

OBLIGACIONES FAMILIARES

…un desarrollo espiritual que no incluya… obligaciones con la familia no puede ser tan perfecto como él lo suponía.

ALCOHÓLICOS ANÓNIMOS, p. 129

Puede que esté haciendo progresos en el programa —aplicándolo en las reuniones, en el trabajo y en las actividades de servicio— y mientras tanto las cosas se estén desbaratando en casa. Espero que mis seres queridos lo entiendan, pero no pueden. Espero que ellos vean y aprecien mi progreso, pero no lo hacen — a menos que yo se lo *haga ver*. ¿Ignoro sus necesidades y deseos de tener mi atención y mi interés? ¿Soy irritable y aburrido cuando estoy con ellos? ¿Son mis "reparaciones" sólo un "lo siento" mascullado, o tienen la forma de paciencia y tolerancia? ¿Les sermoneo tratando de reformarlos o "arreglarlos"? ¿He hecho una verdadera limpieza de casa con *ellos*? "La vida espiritual no es una teoría. *Tenemos que practicarla*". (*Alcohólicos Anónimos*, p. 83).

FORMAR AUTÉNTICAS RELACIONES

Pero nuestras relaciones retorcidas con nuestra familia, nuestros amigos y la sociedad en general son las que nos han causado el mayor sufrimiento a muchos de nosotros. Hemos sido especialmente estúpidos y tercos en este aspecto. El hecho fundamental que nos hemos negado a reconocer es nuestra incapacidad para sostener una relación equilibrada con otro ser humano.

DOCE PASOS Y DOCE TRADICIONES, p. 50

¿Se me pueden aplicar a mí estas palabras? ¿Soy todavía incapaz de tener una auténtica relación con otro ser humano? ¡Qué terrible desventaja sería para mí llevar esto a mi vida sobria! Meditaré y oraré en mi sobriedad para descubrir cómo puedo ser un amigo y compañero de confianza.

VIVIR NUESTRAS REPARACIONES

"Años de convivencia con un alcohólico puede volver neuróticos a cualquier esposa o niño. Toda la familia está enferma hasta cierto grado".

ALCOHÓLICOS ANÓNIMOS, p. 122

Para mí es importante reconocer que, como alcohólico, hago daño no sólo a mí mismo, sino también a los que me rodean. Hacer reparaciones a mi familia, y a las familias de alcohólicos que todavía sufren, será siempre muy importante. Darme cuenta del desastre que yo creé y tratar de reparar la destrucción será un trabajo para toda mi vida. El ejemplo de mi sobriedad puede dar a otros esperanza y fe para que se ayuden a sí mismos.

CUANDO LAS COSAS SE PONEN DURAS

Es un plan de vida que funciona cuando las cosas se ponen duras.

ALCOHÓLICOS ANÓNIMOS, p. 15

Cuando llegué a A.A. me di cuenta de que A.A. funcionaba maravillosamente para ayudarme a mantenerme sobrio. Pero, ¿podría dar resultados con problemas de la vida real que no conciernan a la bebida? Yo tenía mis dudas. Después de haber estado sobrio por más de dos años recibí la respuesta. Perdí mi trabajo, tuve problemas físicos, mi padre —enfermo de diabetes— perdió una pierna y alguien a quien yo amaba me dejó por otro; y todo esto en un plazo de dos semanas. La realidad me golpeó; sin embargo, A.A. estuvo allí para apoyarme, consolarme y fortalecerme. Los principios que había aprendido durante mis primeros días de sobriedad, se convirtieron en la ayuda principal de mi vida porque, no solamente pude sobrellevar mis dificultades, sino que nunca dejé de estar en disposición de ayudar a los recién llegados. A.A. me enseñó a no darme por vencido y a aceptar y entender mi vida como quiera que se desarrolle.

HACER DE A.A. TU PODER SUPERIOR

"…Puedes… hacer de A.A. tu 'poder superior'. Aquí tienes un grupo grande de gente que ha resuelto su problema con el alcohol… muchos miembros… han cruzado el umbral exactamente así… su fe se amplió y se profundizó… transformados, llegaron a creer en un Poder Superior…"

DOCE PASOS Y DOCE TRADICIONES, p. 25

Cuando bebía, nadie era mejor que yo, por lo menos a mis propios ojos. No obstante, no podía sonreírme a mí mismo en el espejo, así que llegué a A.A. donde, con otros, oí hablar de un Poder Superior. No podía aceptar el concepto de un Poder Superior porque creía que Dios era cruel y desamorado. En mi desesperación escogí como mi Poder Superior una mesa, un árbol y más tarde a mi grupo de A.A. Pasó el tiempo, mejoró mi vida y empecé a pensar en ese Poder Superior. Poco a poco, con paciencia, humildad y un montón de preguntas, llegué a creer en Dios. Ahora mi relación con mi Poder Superior me da la fortaleza para vivir una vida feliz y sobria.

MENTE RECEPTIVA

Encontramos que Dios no impone condiciones muy difíciles a quienes le buscan. Para nosotros, el Reino del Espíritu es amplio, espacioso, siempre inclusivo nunca exclusivo o prohibitivo para aquellos que lo buscan con sinceridad. Nosotros creemos que está abierto a todos los seres humanos.

COMO LO VE BILL, p. 7

Una mente receptiva al concepto de un Poder Superior puede abrir las puertas del espíritu. A menudo encuentro el espíritu humano en varios credos y doctrinas. Puedo ser espiritual al compartir de mí mismo. El compartir mi ser me une a la raza humana y me acerca a Dios, como yo lo concibo.

"EN LO MÁS PROFUNDO DE NOSOTROS MISMOS"

Encontramos la Gran Realidad en lo más profundo de nosotros mismos. En última instancia, solamente allí es donde Él puede ser encontrado... (busca) diligentemente dentro de ti mismo... Con esta actitud, no puedes fallar. El conocimiento consciente de tu creencia te llegará con seguridad.

ALCOHÓLICOS ANÓNIMOS, p. 55

Yo busqué ayuda de A.A. desde las profundidades de la soledad, de la depresión y de la desesperación. Según iba recuperándome y enfrentándome al vacío y la ruina de mi vida, empecé a abrirme a la posibilidad de sanar que la recuperación ofrece por medio del programa de A.A. Asistiendo a las reuniones, manteniéndome sobrio y practicando los Pasos, tuve la oportunidad de escuchar con creciente atención a las profundidades de mi alma. Con esperanza y gratitud esperé diariamente esa creencia segura y amor constante que tanto deseaba en mi vida. En este proceso encontré a mi Dios como yo lo concibo.

UNA COMUNIDAD DE LIBERTAD

...si se concediera a los seres humanos una libertad absoluta, y no se les obligara obedecer a nadie, entonces se asociarían voluntariamente para el interés común.

COMO LO VE BILL, p. 50

Cuando ya no vivo más bajo los dictados de otros ni del alcohol, vivo una nueva libertad. Cuando me desprendo del pasado y todo el exceso de equipaje que he llevado por tanto tiempo, llego a conocer la libertad. Se me ha introducido a una vida y a una Comunidad de libertades. Los Pasos son una manera "recomendada" para encontrar una nueva vida, no hay mandamientos ni dictados en A.A. Soy libre de servir por deseo y no por decreto. Se entiende que yo me beneficiaré del desarrollo de otros miembros y lo que aprenda lo llevaré a compartir con el grupo. El "bienestar común" encuentra espacio para crecer en la sociedad de libertad personal.

"REGENERACIÓN A.A."

*Tal es la paradoja de la regeneración en A.A.: la for-
taleza que surge de la derrota total y la debilidad, la
pérdida de la vida antigua como condición para encontrar una nueva vida.*

A.A. LLEGA A SU MAYORÍA DE EDAD, p. 46

Los miles de palizas que me dio el alcohol no me
animaron a admitir mi derrota. Yo creía que con-
quistar a mi "enemigo-amigo" era mi obligación
moral. En mi primera reunión de A.A. fui bendecido con el *sentimiento* de que estaba bien que
admitiera mi derrota ante una enfermedad que no
tenía nada que ver con mi "carácter moral". Instintivamente supe que estaba en presencia de un gran
amor cuando crucé las puertas de A.A. Sin ningún
esfuerzo de mi parte llegué a darme cuenta de que
era bueno y apropiado amarme a mí mismo, como
Dios lo ha dispuesto. Mis pensamientos me habían
tenido cautivo y mis sentimientos me liberaron.
Estoy agradecido.

LIBERACIÓN DEL TEMOR

El problema de superar el miedo tiene dos aspectos. Trataremos de lograr liberarnos del miedo tanto como nos sea posible. Después, tendremos que buscar el valor y la gracia para enfrentarnos de una forma constructiva con los temores que nos queden.

COMO LO VE BILL, p. 61

La mayoría de mis decisiones estaban basadas en el temor. El alcohol me hacía más fácil enfrentarme a la vida, pero llegó la hora en que el alcohol ya no era una alternativa del temor. Uno de los más grandes regalos de A.A. para mí ha sido el valor para ponerme en acción, lo cual puedo hacer con la ayuda de Dios. Después de cinco años de sobriedad yo tenía que contender con una fuerte dosis de temor. Dios puso en mi camino a la gente que me pudiera ayudar a hacer eso y, practicando los Doce Pasos, me estoy convirtiendo en la persona íntegra que deseo ser y, por esto, estoy profundamente agradecido.

TEMOR Y FE

El lograr liberarse del miedo es una empresa para toda la vida, empresa que nunca se puede terminar completamente. Al vernos asediados ferozmente, seriamente enfermos, o en otras circunstancias de gran inseguridad, todos nosotros reaccionaremos a esta emoción — de buena o mala forma, según el caso. Sólo el que se engaña a sí mismo pretenderá estar completamente libre del miedo.

COMO LO VE BILL, p. 263

Por no haber tenido suficiente fe, el temor me ha causado sufrimientos. Hay ocasiones en que el temor me destroza, justamente cuando estoy experimentando sentimientos de alegría, felicidad y gozo del corazón. La fe —y un sentimiento de dignidad ante un Poder Superior— me ayuda a soportar la tragedia y el éxtasis. Cuando opte por entregar todos mis temores a mi Poder Superior, seré libre.

HOY, SOY LIBRE

Esto me llevó a la sana conclusión de que había mu-chísimas situaciones en el mundo ante las cuales yo no tenía ningún poder personal — que si estaba tan dispuesto a admitir que éste era el caso respecto al alcohol, tendría que reconocer lo mismo respecto a otros muchos asuntos: tendría que sosegarme y saber que Él, no yo, era Dios.

COMO LO VE BILL, p. 114

Estoy aprendiendo a practicar la aceptación en todas las circunstancias de mi vida, para poder disfrutar de tranquilidad de espíritu. En el pasado la vida era una constante batalla porque yo creía que tenía que pasar cada día peleando conmigo mismo y con todos los demás. Finalmente, esto se convirtió en una batalla perdida. Terminaba emborrachándome y llorando por mi miseria. Cuando empecé a desprenderme y dejar que Dios se hiciera cargo de mi vida, empecé a tener tranquilidad de espíritu. Hoy soy libre. Ya no tengo que pelear con nadie ni con nada.

CONFIAR EN OTROS

Pero, ¿acaso la confianza nos exige que hagamos la vista gorda a los motivos de otra gente, o de hecho, a los nuestros? Claro que no; esto sería una locura. Sin duda, debemos considerar, en toda persona en que confiemos, tanto su capacidad para perjudicar como su capacidad para hacer bien. Un inventario privado de este tipo puede enseñarnos el grado de confianza que debemos extender en cualquier situación determinada.

COMO LO VE BILL, p. 144

Yo no soy víctima de otros, sino más bien una víctima de mis esperanzas, de mis decisiones y de mi deshonestidad. Cuando espero que otros sean lo que yo quiero que sean y no lo que ellos son, cuando ellos no cumplan con mis expectaciones, entonces me siento lastimado. Cuando mis decisiones se basan en mi egocentrismo, me siento solitario y receloso. Sin embargo, cuando practico la honestidad en todos mis asuntos, invariablemente gano confianza en mí mismo. Cuando examino mis motivos y soy honesto y confiado, soy consciente de los posibles daños que algunas situaciones pueden entrañar y puedo evitarlas.

UN JARDÍN DE INFANCIA ESPIRITUAL

No dirigimos sino un jardín de infancia espiritual, en el que se hace posible a los borrachos superar la bebida y encontrar la gracia para vivir de mejor manera.

COMO LO VE BILL, p. 95

Cuando llegué a A.A. estaba agotado por la botella y quería perder mi obsesión por la bebida, pero realmente no sabía cómo hacerlo. Decidí quedarme el tiempo suficiente para aprender de los que me habían precedido. ¡De repente estaba pensando en Dios! Se me dijo que encontrara un Poder Superior y yo no tenía idea de cómo sería éste. Descubrí que hay muchos Poderes Superiores. Se me dijo que encontrara a Dios como yo lo concibo, que en A.A. no había doctrina sobre la Divinidad. Encontré lo que me daba resultados y luego le pedí a ese Poder Superior que me devolviera mi sano juicio. Se me quitó la obsesión de beber y —un día a la vez— mi vida continúa y he aprendido a vivir sobrio.

UNA CALLE DE DOS SENTIDOS

Si se lo pedimos, Dios ciertamente nos perdonará nuestras negligencias. Pero nunca nos va a volver blancos como la nieve y mantenernos así sin nuestra cooperación.

DOCE PASOS Y DOCE TRADICIONES, p. 62

Cuando yo rezaba, acostumbraba omitir muchas cosas por las cuales necesitaba ser perdonado. Creía que si no mencionaba esas cosas a Dios, Él nunca sabría nada de ellas. No sabía que si yo me perdonaba por algunas de mis deudas pasadas Dios también me perdonaría. Siempre se me había enseñado a prepararme para el viaje a través de la vida, sin darme cuenta nunca hasta llegar a A.A. —cuando sinceramente llegué a estar dispuesto a que se me enseñara el perdón y el perdonar— que la vida en sí es el viaje. El viaje de la vida es un viaje feliz, siempre que esté dispuesto a aceptar el cambio y la responsabilidad.

UN REGALO QUE CRECE CON EL TIEMPO

Para la mayoría de la gente normal, beber significa cordialidad, compañerismo y una imaginación vivaz. Quiere decir liberación de los cuidados, del aburrimiento y de la preocupación. Es alegre intimidad con los amigos y sentimientos de que la vida es buena.

ALCOHÓLICOS ANÓNIMOS, p. 151

Cuanto más perseguía estas emociones elusivas con el alcohol, más fuera de mi alcance se ponían. Sin embargo, aplicando este pasaje a mi sobriedad, me di cuenta de que describía la magnífica vida nueva puesta a mi disposición por el programa de A.A. Todo "mejora" verdaderamente un día a la vez. El calor, el amor y la alegría tan simplemente expresadas en estas palabras crecen en amplitud y profundidad cada vez que las leo. La sobriedad es un regalo que crece con el tiempo.

CONFORMIDAD CON LA MANERA DE A.A.

Obedecemos los Pasos y Tradiciones de A.A. porque realmente los queremos para nosotros mismos. Ya no es cuestión de decidir entre el bien y el mal; nos amoldamos porque sinceramente queremos amoldarnos. Tal es la evolución de nuestro desarrollo en unidad y servicio; tal es la evidencia del amor y gracia de Dios entre nosotros.

A.A. LLEGA A SU MAYORÍA DE EDAD, p. 106

Me encanta verme a mí mismo crecer en A.A. Me resistía a conformarme con los principios de A.A. desde el momento que ingresé, pero del dolor de mi beligerancia llegué a saber que, al elegir practicar la manera de vivir en A.A., me abría para recibir la gracia y el amor de Dios. Entonces empecé a conocer el significado completo de ser un miembro de Alcohólicos Anónimos.

LA DETERMINACIÓN DE NUESTROS FUNDADORES

Año y medio más tarde, estos tres habían tenido éxito con siete más.

ALCOHÓLICOS ANÓNIMOS, p. 159

Si no hubiera sido por la tenaz determinación de nuestros fundadores, A.A. se habría desvanecido rápidamente como muchas otras llamadas buenas causas. Echo una mirada a los cientos de reuniones semanales en la ciudad donde vivo y sé que A.A. está disponible veinticuatro horas al día. Si yo hubiera tenido que persistir con nada más que esperanza y deseo de no beber, experimentando rechazo dondequiera que fuera, habría buscado el camino más fácil y cómodo y habría regresado a mi anterior manera de vivir.

UN EFECTO DE ONDA

*Ya que habíamos aprendido a vivir con tanta felici-
dad, podríamos enseñar a todos los demás a hacer lo
mismo… Sí, nosotros los A.A. teníamos estos sueños.
Era natural que los tuviéramos, puesto que la mayoría de los alcohólicos somos idealistas en bancarrota… ¿Por qué no compartir nuestra manera de vivir
con todo el mundo?*

DOCE PASOS Y DOCE TRADICIONES, p. 151

El gran descubrimiento de la sobriedad me llevó a
sentir la necesidad de divulgar las "buenas nuevas"
al mundo a mi alrededor. Regresaron los grandiosos
pensamientos de mis días de bebedor. Más tarde,
me di cuenta de que concentrarme en mi propia
recuperación era un proceso de plena dedicación. A
medida que me iba convirtiendo en un ciudadano
sobrio de este mundo, observaba un efecto de onda
el cual, sin ningún esfuerzo consciente de mi parte,
alcanzaba cualquier "entidad allegada o empresa
ajena", sin desviarme de mi propósito primordial
de mantenerme sobrio y ayudar a otros alcohólicos
a lograr la sobriedad.

SACRIFICIO-UNIDAD-SUPERVIVENCIA

La unidad, la eficacia e incluso la supervivencia de A.A. siempre dependerían de nuestra voluntad continua de sacrificar nuestros deseos y ambiciones personales por la seguridad y bienestar comunes. Así como el sacrificio significaba la supervivencia para el individuo, significaba también la supervivencia y la unidad para el grupo, y para A.A. en su totalidad.

COMO LO VE BILL, p. 220

He llegado a darme cuenta de que tengo que sacrificar algunos de mis rasgos de personalidad para el bien de A.A. y, como resultado, he tenido muchas recompensas. El falso orgullo puede ser inflado por el prestigio pero, viviendo la Tradición Seis, recibo el regalo de la humildad. La cooperación sin afiliación tiene a menudo consecuencias inesperadas. Si no me relaciono con intereses ajenos, soy libre para mantener autónomo a A.A. Entonces la Comunidad estará aquí, sana y fuerte para las generaciones por venir.

LO MEJOR PARA HOY

Los principios que hemos establecido son guías para nuestro curso.

ALCOHÓLICOS ANÓNIMOS, p. 60

Así como un escultor usa diferentes herramientas para lograr los efectos deseados en una obra de arte, en Alcohólicos Anónimos se usan los Doce Pasos para obtener resultados en mi propia vida. No me abrumo con los problemas de la vida ni por la cantidad de trabajo que está por hacer. Me permito el consuelo de saber que mi vida está ahora en las manos de mi Poder Superior, un maestro artesano que está integrando cada parte de mi vida en una única obra de arte. Trabajando mi programa puedo estar satisfecho con saber que "haciendo lo mejor que podemos, por hoy, estamos haciendo todo lo que Dios nos pide".

EL CORAZÓN DE LA VERDADERA SOBRIEDAD

Encontramos que nadie tiene por qué tener dificultades con la espiritualidad del programa. Buena voluntad, sinceridad y una mente abierta son los elementos para la recuperación. Pero estos son indispensables.

ALCOHÓLICOS ANÓNIMOS, p. 520

¿Soy lo suficientemente honesto para aceptarme como soy y dejar que ese "Yo" sea el que vean los demás? ¿Estoy dispuesto a hacer todo esfuerzo, todo lo necesario para mantenerme sobrio? ¿Tengo la amplitud de mente para escuchar lo que debo escuchar, pensar lo que debo pensar y sentir lo que debo sentir?

Si mi respuesta a estas preguntas es "Sí" quiere decir que sé lo suficiente respecto a la espiritualidad del programa para estar sobrio. Cuando continúo practicando los Doce Pasos, avanzo hacia el corazón de la verdadera sobriedad: serenidad conmigo mismo, con otros y con Dios como yo Lo concibo.

EXPERIENCIA: LA MEJOR MAESTRA

Carentes aún de experiencia y recién hecho nuestro contacto consciente con Dios, es probable que no recibamos inspiración todo el tiempo.

ALCOHÓLICOS ANÓNIMOS, p. 87

Algunos dicen que la experiencia es la mejor maestra, pero yo creo que es la única maestra. Yo he podido apreciar el amor de Dios para mí solamente por la experiencia de mi dependencia de ese amor. Al principio no podía estar seguro de Su dirección en mi vida, pero ahora veo que si soy lo suficientemente atrevido como para pedirle Su orientación, tengo que actuar como si Él me la hubiera dado. A menudo le pido a Dios que me ayude a recordar que Él tiene el camino para mí.

UNA FE NATURAL

…en lo más profundo de cada hombre, mujer y niño, está la idea fundamental de Dios. Puede ser oscurecida por la calamidad, la pompa o la adoración de otras cosas; pero de una u otra forma, allí está. Porque la fe en un Poder superior al nuestro y las demostraciones milagrosas de ese poder en las vidas humanas, son hechos tan antiguos como el mismo hombre.

ALCOHÓLICOS ANÓNIMOS, p. 55

Yo he visto las obras del Dios invisible en las salas de A.A. por todo el país. Los milagros de recuperación son evidentes por todas partes. Ahora creo que Dios está en esas salas y en mi corazón. Hoy la fe es tan natural en mí, antiguo agnóstico, como el respirar, comer y dormir. Los Doce Pasos me han ayudado a cambiar mi vida de muchas formas, pero ninguno es tan eficaz como llegar a creer en un Poder Superior.

UNA NUEVA DIRECCIÓN

Nuestros recursos humanos bajo el mando de nuestra voluntad no eran suficientes, fallaban completamente…
Cada día es un día en el que tenemos que llevar la visión de la voluntad de Dios a todos nuestros actos.

ALCOHÓLICOS ANÓNIMOS, p. 45, 85

Yo oigo hablar del alcohólico "sin fuerza de voluntad", pero yo soy una de las personas con más fuerza de voluntad de la tierra. Ahora sé que mi increíble fuerza de voluntad no es suficiente para salvar mi vida. Mi problema no es asunto de "fuerza de voluntad" sino de dirección. Cuando yo, sin minimizarme falsamente, acepto mis verdaderas limitaciones y recurro a Dios para que me dé su orientación, entonces mis peores faltas se convierten en mis mejores ventajas. Mi fuerte voluntad, correctamente dirigida, me hace seguir trabajando hasta que las promesas del programa se convierten en mi realidad cotidiana.

IDENTIFICAR EL TEMOR …

El principal activador de nuestros defectos ha sido el miedo egocéntrico…

DOCE PASOS Y DOCE TRADICIONES, p. 73

Cuando me siento incómodo, irritado o deprimido, busco el temor. Esta "maligna y corrosiva hebra" es la raíz de mi aflicción: Temor de fracasar; temor de las opiniones de otros; temor del daño, y muchos otros temores. Yo he encontrado un Poder Superior que no quiere que yo viva atemorizado y, como resultado, la experiencia de A.A. en mi vida es libertad y alegría. Ya no estoy dispuesto a vivir con la multitud de defectos de carácter que caracterizaban mi vida cuando bebía. El Paso Siete es mi vehículo para la liberación de estos defectos. Rezo para que me ayude a identificar el temor escondido bajo los defectos, y luego le pido a Dios que me quite ese temor. Este método siempre funciona para mí y es uno de los grandes milagros de mi vida en Alcohólicos Anónimos.

... Y DESPRENDERSE DE ÉL

... sobre todo el miedo de que perderíamos algo que ya poseíamos o que no conseguiríamos algo que exigíamos. Por vivir a base de exigencias insatisfechas, nos encontrábamos en un estado de constante perturbación y frustración. Por lo tanto, no nos sería posible alcanzar la paz hasta que no encontráramos la manera de reducir estas exigencias. La diferencia entre una exigencia y una sencilla petición está clara para cualquiera.

DOCE PASOS Y DOCE TRADICIONES, p. 73

Para mí, la paz es posible solamente cuando renuncio a mis expectaciones. Cuando estoy atrapado en pensamientos respecto a lo que yo quiero y lo que debo recibir, estoy en un estado de temor o de anticipación inquieta y esto no conduce a la sobriedad emocional. Yo debo rendirme —una y otra vez— a la realidad de mi dependencia de Dios, porque entonces encuentro la paz, la gratitud y la seguridad espiritual.

UNA LIBERTAD SIEMPRE CRECIENTE

En el Séptimo Paso efectuamos el cambio de actitud que nos permite, guiados por la humildad, salir de nosotros mismos hacia los demás y hacia Dios.

DOCE PASOS Y DOCE TRADICIONES, p. 73

Cuando finalmente le pedí a Dios que me liberase de esas cosas que me estaban apartando de Él y de la luz solar del espíritu, me embarqué en el viaje más glorioso que me hubiera podido imaginar. Experimenté una liberación de aquellas características que me tenían envuelto en mí mismo. Debido a este Paso de humildad, hoy me siento limpio.

Estoy especialmente consciente de este Paso porque ahora puedo ser útil a Dios y a mis compañeros. Sé que Él me ha concedido la fortaleza para hacer Su voluntad y me ha preparado para cualquier persona o cosa que se me presente hoy en mi camino. Verdaderamente estoy en Sus manos, y doy gracias por la alegría de poder ser útil hoy.

SOY UN INSTRUMENTO

Humildemente le pedimos que nos liberase de nuestros defectos.

DOCE PASOS Y DOCE TRADICIONES, p. 67

El tema de la humildad es difícil. Humildad no es pensar de mí mismo menos de lo que debo; humildad es reconocer que yo hago bien ciertas cosas, es aceptar cortésmente un elogio.

Dios puede hacer por mí sólo lo que puede hacer por medio de mí. La humildad es el resultado de saber que Dios es el que lo hace, no yo. A la luz de este conocimiento ¿cómo puedo sentirme orgulloso por mis logros? Yo soy un instrumento y cualquier trabajo que parezca estar haciendo es hecho por Dios a través de mí. Diariamente le pido a Dios que me libre de mis defectos, para que pueda con más libertad ocuparme de mis asuntos de A.A. de "amor y servicio".

HACIA LA PAZ Y LA SERENIDAD

…al haber mirado algunos de estos defectos honrada-
mente y sin pestañear, después de haberlos discutido
con otra persona y al haber llegado a estar dispuestos
a que nos sean eliminados, nuestras ideas referentes
a la humildad empiezan a cobrar un sentido más am-
plio.

DOCE PASOS Y DOCE TRADICIONES, p. 71

Cuando se presentan situaciones que destruyen mi
serenidad, frecuentemente el dolor me motiva a
pedirle a Dios claridad para ver mi papel en la situación. Admitiendo mi impotencia, humildemente le
pido aceptación. Me esfuerzo por ver cómo mis
defectos de carácter han contribuido a la situación.
¿Podría haber sido más paciente? ¿Era intolerante?
¿Insistí en salirme con la mía? ¿Tenía miedo? Según
se van revelando mis defectos, pongo a un lado mi
independencia y humildemente le pido a Dios que
me libre de mis defectos de carácter. Puede que
la situación no cambie, pero cuando practico la
humildad, disfruto de paz y serenidad, que son los
beneficios naturales de poner mi confianza en un
poder superior a mí mismo.

UN MOMENTO CRUCIAL

Llegamos a un punto decisivo en nuestras vidas cuando nos pusimos a conseguir la humildad como algo que realmente queríamos, y no como algo que debíamos tener.

DOCE PASOS Y DOCE TRADICIONES, p. 72-73

La manera de vivir de A.A. se convierte en vida de alegría o regreso a la obscuridad y a la desesperación del alcoholismo. La alegría me llega cuando mi actitud concerniente a Dios y a la humildad se torna en actitud de deseo y no de carga. La obscuridad de mi vida se convierte en luz resplandeciente cuando llego a darme cuenta de que ser honesto y sincero al hacer mi inventario, tiene como resultado una vida llena de serenidad, libertad y alegría. Se profundiza la confianza en mi Poder Superior y un baño de gratitud cae sobre todo mi ser. Estoy convencido de que ser humilde es ser sincero y honesto respecto a mí mismo y a Dios. Entonces la humildad es algo que "realmente deseo", y no "algo que *debo* tener".

RENUNCIAR AL CENTRO DEL ESCENARIO

Porque sin tener un cierto grado de humildad, ningún alcohólico se puede mantener sobrio… Sin la humildad, no puede llevar una vida de mucha utilidad, ni, en la adversidad, puede contar con la fe suficiente para responder a cualquier emergencia.

DOCE PASOS Y DOCE TRADICIONES, p. 67

¿Por qué pongo tanta resistencia a la palabra "humildad"? Yo no soy humilde ante otra gente, sino ante Dios, como yo Lo concibo. Humildad significa "demostrar un respeto sumiso", y al ser humilde me doy cuenta de que yo no soy el centro del universo. Cuando bebía, el orgullo y el egocentrismo me consumían. Creía que el mundo entero giraba a mi alrededor, que yo era el capitán de mi destino. La humildad me hace posible depender más de Dios para que me ayude a vencer mis obstáculos y mis propias imperfecciones a fin de poder desarrollarme espiritualmente. Tengo que resolver problemas más difíciles para aumentar mi pericia y cuando encuentre los obstáculos de la vida pueda aprender a vencerlos con la ayuda de Dios. La comunión diaria con Dios demuestra mi humildad y me hace darme cuenta de que un ser más poderoso que yo está dispuesto a ayudarme si dejo de tratar de hacer, yo, el papel de Dios.

LA HUMILDAD ES UN REGALO

Mientras insistiéramos en poner en primer lugar nuestra propia independencia, la verdadera dependencia de un Poder Superior era totalmente impensable. Nos faltaba el ingrediente básico de toda humildad, el deseo de conocer y hacer la voluntad de Dios.

DOCE PASOS Y DOCE TRADICIONES, p. 69

Cuando recién llegué a A.A. yo quería encontrar algo de esa elusiva cualidad llamada humildad. No me daba cuenta de que estaba buscando la humildad porque creía que ésta me ayudaría a lograr lo que yo quería, y que yo haría cualquier cosa por otros si creía que Dios me compensaría por ello. Ahora trato de recordar que la gente que encuentro en el transcurso de mi día está tan cerca de Dios como yo voy a estar mientras esté en esta tierra. Tengo que rezar para saber cuál es la voluntad de Dios hoy, y ver cómo puede ayudar a otra gente mi experiencia de esperanza y dolor; si puedo hacer esto, no tengo que buscar la humildad, ella me ha encontrado.

UN INGREDIENTE NUTRITIVO

Si antes la humildad había significado para nosotros la abyecta humillación, ahora empieza a significar el ingrediente nutritivo que nos puede deparar la serenidad.

DOCE PASOS Y DOCE TRADICIONES, p. 71

¿Con cuánta frecuencia me concentro en mis problemas y frustraciones? Cuando estoy pasando un "buen día", estos mismos problemas disminuyen de importancia y mi preocupación por ellos mengua. ¿No sería mejor si pudiera encontrar una fórmula para dar rienda suelta a la "magia" de mis "días buenos" y aplicarla a los pesares de mis "días malos"?

¡Ya tengo la solución! En vez de tratar de huir de mis dolores y desear que se vayan mis problemas, puedo rezar para obtener la humildad. La humildad curará el dolor. La humildad me sacará de mí mismo. La humildad, esa fortaleza concedida para mí por ese "poder superior a mí mismo" es mía sólo con pedirla. La humildad devolverá el equilibrio a mi vida. La humildad me hace posible aceptar alegremente mi condición humana.

ORGULLO

Hace miles de años que venimos exigiendo más de lo que nos corresponde de seguridad, de prestigio y de amor. Cuando parecía que teníamos éxito, bebíamos para tener sueños aun más grandiosos. Cuando nos sentíamos frustrados, aunque sólo fuera en parte, bebíamos para olvidar. Nunca había suficiente de lo que creíamos que queríamos.

En todos estos empeños…, nuestro mayor impedimento había sido la falta de humildad. Nos faltaba la perspectiva suficiente para ver que la formación de carácter y los valores espirituales tenían que anteponerse a todo, y que las satisfacciones materiales no constituían el objetivo de la vida.

DOCE PASOS Y DOCE TRADICIONES, p. 68

Una y otra vez me acercaba al Paso Siete, sólo para retroceder y reconsiderar. Algo me faltaba y se me escapaba el impacto del Paso. ¿Qué había pasado por alto? Una simple palabra: la había leído pero la había ignorado, la base de todos los Pasos, en verdad de todo el programa de Alcohólicos Anónimos — esa palabra es "humildemente".

Sabía cuáles eran mis defectos: constantemente posponía mis tareas; me enojaba fácilmente; sentía mucha autoconmiseración; y me preguntaba, ¿por qué yo? Entonces recordé, "el orgullo va antes de la caída", y eliminé el orgullo de mi vida.

"UN GRADO DE HUMILDAD"

En todo caso, el sufrimiento había sido el precio de entrada a una nueva vida. Pero este precio de entrada nos había comprado más de lo que esperábamos. Traía consigo cierto grado de humildad, la cual, pronto descubrimos, aliviaba el sufrimiento.

DOCE PASOS Y DOCE TRADICIONES, p. 72

Aunque nunca logré controlar mi vida, fue doloroso renunciar a tratar de hacerlo; y cuando la vida se me hacía muy dura yo bebía para escapar. Lograré aceptar la vida como es por medio de la humildad que experimento cuando entrego mi voluntad y mi vida al cuidado de Dios como yo lo concibo. Con mi vida bajo el cuidado de Dios, el temor, la incertidumbre y la ira, ya no serán las respuestas a aquellas partes de mi vida que preferiría que no me sucedieran. El dolor de vivir esos momentos será aliviado por el conocimiento de que he recibido la fortaleza espiritual para sobrevivir.

ENTREGA Y AUTOEXAMEN

La estabilidad que logré se originó en mis esfuerzos para dar, no en mis exigencias de que se me diera.

Y creo que así podemos tener parecidos resultados en cuanto a la sobriedad emocional. Si analizamos toda inquietud que sentimos, las grandes y las pequeñas, encontraremos en su origen alguna dependencia malsana y la exigencia malsana derivada de esta dependencia. Abandonemos, con la gracia de Dios, estas exigencias obstaculizadoras. Entonces, nos veremos liberados para vivir y para amar; entonces, nos será posible aprovechar el trabajo de Paso Doce, tanto con nosotros mismos como con otra gente, para lograr la sobriedad emocional.

EL LENGUAJE DEL CORAZÓN, p. 238

Años de dependencia del alcohol para alterar mis humores me privaron de la capacidad de relacionarme emocionalmente con mis compañeros. Creía que tenía que ser autosuficiente, tener confianza sólo en mí mismo, motivarme a mí mismo y todo en un mundo de gente en quienes no se podía confiar. Finalmente, perdí mi dignidad y me quedé con mi dependencia, falto de cualquier habilidad para confiar en mí mismo o creer en nada. La entrega y el autoexamen mientras compartía con los recién llegados me ayudaban a pedir ayuda humildemente.

AGRADECIDO POR LO QUE TENGO

Durante este proceso de aprender más acerca de la humildad, el resultado más profundo era el cambio de nuestra actitud para con Dios.

DOCE PASOS Y DOCE TRADICIONES, p. 72

Hoy en día mis oraciones consisten mayormente en decirle gracias a mi Poder Superior por mi sobriedad y por la maravilla de la generosidad de Dios, pero también tengo que pedir ayuda y fortaleza para cumplir con Su voluntad para conmigo. Ya no tengo que pedir a Dios que a cada momento me rescate de situaciones en las que caigo por no hacer Su voluntad. Ahora parece que mi gratitud está directamente ligada a la humildad. Mientras yo tenga la humildad para sentirme agradecido por lo que tengo, Dios continúa dándome lo que necesito.

FALSO ORGULLO

Muchos de los que nos habíamos considerado religio-sos, nos dimos repentina cuenta de lo limitada que era esta actitud. Al negarnos a colocar a Dios en primer lugar, nos habíamos privado de Su ayuda.

DOCE PASOS Y DOCE TRADICIONES, p. 72

Muchas falsas concepciones operan en el falso orgullo. La necesidad de dirección para vivir una vida decente se satisface con la esperanza experi-mentada en la Comunidad de A.A. Aquellos que han seguido el camino por años —un día a la vez— dicen que la vida centrada en Dios tiene posibili-dades ilimitadas para el desarrollo personal. Al ser esto así, los veteranos en A.A. transmiten mucha esperanza.

Doy gracias a mi Poder Superior por hacerme saber que Él obra por medio de otra gente, y le agradezco por nuestros servidores de confianza en la Comunidad quienes ayudan a los nuevos miem-bros a rechazar sus falsos ideales y adoptar aque-llos que los guían hacia una vida de compasión y de confianza. Los veteranos de A.A. animan a los recién llegados a "despertarse" — para que puedan "llegar a creer". Le pido a mi Poder Superior que me ayude a vencer mi falta de creencia.

LIBERADOS DE DEFECTOS

Pero ahora las palabras "Por mí mismo nada soy, el Padre hace las obras" empezaban a cobrar un significado muy prometedor.

DOCE PASOS Y DOCE TRADICIONES, p. 72

Cuando pongo el Séptimo Paso en acción debo recordar exactamente lo que dice. No dice "Humildemente le pedimos que nos ayudara o que nos diera la fortaleza o el valor para librarnos de nuestros defectos". El Paso dice simplemente que Dios me librará de mis defectos. El único trabajo que tengo que hacer es "pedir humildemente", lo cual, para mí, significa pedir con el conocimiento de que yo por mí mismo soy nada, el Padre dentro de mí "hace las obras".

UN DON INAPRECIABLE

En este punto es muy probable que hayamos obtenido una liberación, al menos parcial, de nuestros defectos más devastadores. Disfrutamos de momentos en los que sentimos algo parecido a una auténtica tranquilidad de espíritu. Para aquellos de nosotros que hemos conocido únicamente la agitación, la depresión y la ansiedad —en otras palabras, para todos nosotros— esta recién encontrada tranquilidad es un don de inestimable valor.

DOCE PASOS Y DOCE TRADICIONES, p. 71

Estoy aprendiendo a "desprenderme" y "dejarlo en manos de Dios", a tener una mente abierta y un corazón dispuesto a recibir la gracia de Dios en todos mis asuntos; de esta manera puedo experimentar la paz y libertad que vienen como resultado de la entrega. Se ha demostrado que un acto de entrega, que se origina en la desesperación y en la derrota, puede convertirse en un continuo acto de fe, y que la fe significa libertad y victoria.

"LO BUENO Y LO MALO"

"Creador mío, estoy dispuesto a que tomes todo lo que soy, bueno y malo".

ALCOHÓLICOS ANÓNIMOS, p. 76

La alegría de la vida está en dar. Ser liberado de mis defectos, para poder ser servicial más libremente, permite que crezca en mí la humildad. Mis defectos pueden ser humildemente puestos bajo el amoroso cuidado de Dios y ser eliminados. La esencia del Paso Siete es la humildad y qué mejor manera de buscarla que dar todo lo que soy —bueno y malo— a Dios, para que Él pueda liberarme de lo malo y devolverme lo bueno.

LE PIDO A DIOS QUE DECIDA

"Te ruego que elimines de mí cada uno de los defectos de carácter que me obstaculizan en el camino para que logre ser útil a Ti y a mis semejantes".

ALCOHÓLICOS ANÓNIMOS, p. 76

Después de haber admitido mi impotencia y tomado la decisión de poner mi vida y mi voluntad al cuidado de Dios, como yo lo concibo, no soy yo quien tiene que decidir cuáles defectos deben ser eliminados, ni el orden en que deben serlo, ni el plazo de tiempo en el que tienen que ser eliminados. Le pido a Dios que decida cuáles defectos me impiden ser útil a Él y a otros, y luego le pido humildemente que me los elimine.

AYUDAR A OTROS

Nuestras mismas vidas, como ex bebedores problema que somos, dependen de nuestra constante preocupación por otros y de la manera en que podamos satisfacer sus necesidades.

ALCOHÓLICOS ANÓNIMOS, p. 19-20

Mi problema era el egocentrismo. Toda mi vida la gente había estado haciendo cosas por mí y yo, no sólo lo esperaba, sino que era malagradecido y estaba resentido porque no hacían más. ¿Por qué debía ayudar a otros cuando eran ellos los que debían ayudarme a mí? Si otros tenían dificultades, ¿no se lo merecían? Yo estaba lleno de autocompasión, de ira y de resentimiento. Entonces llegué a darme cuenta de que ayudando a otros, sin esperar recompensa, podría superar esta obsesión egoísta, y también que si yo comprendía la humildad, conocería la paz y la serenidad. Ya no necesito beber.

AQUELLOS QUE TODAVÍA SUFREN

En nuestro caso, si descuidamos a los que todavía sufren, nuestras vidas y nuestro sano juicio se ven grave e incesantemente amenazados.

DOCE PASOS Y DOCE TRADICIONES, p. 147

Yo conozco el tormento de beber obsesivamente para calmar mis nervios y mis temores. También conozco el dolor de la sobriedad forzada. Hoy yo no olvido a la persona desconocida que sufre quietamente, retirada y escondida en el desesperado alivio de beber. Le pido a mi Poder Superior que me dé su orientación y el valor para estar dispuesto a ser Su instrumento y llevar dentro de mí compasión y acciones generosas. Que el grupo continúe dándome el valor para hacer con otros lo que no puedo hacer solo.

EL "VALOR" DE LA SOBRIEDAD

Todo grupo de A.A. debe mantenerse completamente a sí mismo, negándose a recibir contribuciones de afuera.

DOCE PASOS Y DOCE TRADICIONES, p. 155

Cuando salgo de compras miro los precios y si necesito lo que veo, lo compro y lo pago. Ahora que estoy en rehabilitación, tengo que corregir mi vida. Cuando voy a una reunión, tomo café con azúcar y crema, algunas veces más de una taza. Pero a la hora de la colecta, o estoy muy ocupado para sacar dinero de mi cartera o no tengo lo suficiente, pero estoy ahí porque necesito esta reunión. Oí a alguien sugerir que se debe echar en la cesta el precio de una cerveza y pensé ¡eso es demasiado! Casi nunca doy un dólar. Como muchos otros, yo confío en que los miembros más generosos financien la Comunidad. Me olvido que se necesita dinero para el alquiler del local de reuniones, comprar café, leche, azúcar y tazas. Gustoso pago un dólar por una taza de café en un restaurante después de la reunión; siempre tengo dinero para eso. Así es que, ¿cuánto vale mi sobriedad y mi paz interior?

DAR LIBREMENTE

Haremos cualesquier sacrificios personales necesarios para asegurar la unidad de Alcohólicos Anónimos. Lo haremos porque hemos aprendido a amar a Dios y los unos a los otros.

A.A. LLEGA A SU MAYORÍA DE EDAD, p. 234

Ser automantenido por mis propias contribuciones nunca era uno de mis puntos fuertes durante mis días de alcohólico activo. Dar tiempo o dinero siempre tenía que llevar una etiqueta con precio.

Como recién llegado se me dijo que "tenemos que darlo para mantenerlo". Cuando empecé a adoptar los principios de Alcohólicos Anónimos en mi vida, muy pronto me di cuenta de que dar a la Comunidad como una expresión de la gratitud sentida en mi corazón es un privilegio. Mi amor a Dios y a otros se convirtió en el factor motivador de mi vida, sin ningún pensamiento de recompensa. Ahora me doy cuenta de que dar libremente es la manera en que Dios se expresa a través de mí.

AQUELLOS QUE AÚN SUFREN

Resistámonos a la arrogante suposición de que, ya que Dios nos ha hecho posible tener éxito en un área, estamos destinados a convertirnos en un conducto de gracia salvadora para todos.

A.A. LLEGA A SU MAYORÍA DE EDAD, p. 232

Los grupos de A.A. existen para ayudar a los alcohólicos a alcanzar la sobriedad. Grande o pequeño, firmemente establecido o recién formado, de oradores, de discusión o de estudio, cada grupo tiene solamente una razón de ser: llevar el mensaje al alcohólico que aún sufre. El grupo existe para que el alcohólico pueda encontrar una nueva manera de vida, una vida abundante de felicidad, de alegría y libertad. Para recuperarse, la mayoría de los alcohólicos necesitan el apoyo de un grupo de otros alcohólicos quienes comparten su experiencia, fortaleza y esperanza. Así, mi sobriedad y la supervivencia del programa dependen de mi determinación a poner primero lo primero.

REGALOS ANÓNIMOS DE BONDAD

Cuando éramos alcohólicos activos siempre estábamos pidiendo algo, en una u otra forma…
LAS DOCE TRADICIONES ILUSTRADAS, p. 14

El desafío de la Séptima Tradición es un desafío personal, que me recuerda compartir y dar de mí mismo. Antes de lograr la sobriedad la única cosa que yo mantenía era mi hábito de beber. Ahora mis esfuerzos son una sonrisa, una palabra bondadosa y la bondad misma.

Vi que yo tenía que soportar mi propia carga y permitir que mis nuevos amigos caminen conmigo porque por medio de la práctica de los Doce Pasos y las Doce Tradiciones, nunca lo pasé mejor.

DEVOLVERLO

…ha encontrado algo mejor que el oro… Puede ser que, de momento, no haya visto que apenas ha arañado un filón inagotable, que le dará dividendos solamente si lo trabaja el resto de su vida e insiste en regalar todo el producto.

ALCOHÓLICOS ANÓNIMOS, p. 129

Mi parte en la Séptima Tradición significa mucho más que solamente dar dinero para pagar el café. Significa ser aceptado por mí mismo por pertenecer a un grupo. Por primera vez puedo ser responsable porque puedo escoger. Puedo aprender los principios de resolver problemas de mi vida diaria participando en los "negocios" de A.A. Por ser automantenido, puedo devolver a A.A. lo que A.A. me dio a mí. Devolver a A.A. no solamente asegura mi propia sobriedad sino que me permite comprar el seguro de que A.A. estará aquí, para mis nietos.

UNA ORACIÓN PARA TODAS
LAS ESTACIONES

*Dios concédenos la serenidad para aceptar las co-
sas que no podemos cambiar, valor para cambiar las
cosas que podemos, y sabiduría para reconocer la
diferencia.*

DOCE PASOS Y DOCE TRADICIONES, p. 122

El poder de esta oración es abrumador porque
su sencilla belleza corre paralela a la Comunidad
de A.A. Hay ocasiones en que yo me quedo atascado mientras la recito, pero si examino la parte
que me crea dificultades, encuentro la solución a
mi problema. La primera vez que me sucedió esto
me dio miedo, pero ahora la uso como una valiosa
herramienta. Yo gano serenidad cuando acepto la
vida como es. Cuando me pongo en acción, gano
el valor y doy gracias a Dios por la capacidad para
distinguir entre aquellas situaciones que puedo tratar de resolver y las que debo entregar a Dios. Todo
lo que tengo ahora es un regalo de Dios: mi vida, el
poder ser útil, mi contentamiento y este programa.
La serenidad me hace posible seguir adelante.

Alcohólicos Anónimos es el camino más fácil y
cómodo.

VIVIRLA

La vida espiritual no es una teoría. Tenemos que practicarla.

ALCOHÓLICOS ANÓNIMOS, p. 83

Cuando era nuevo en el programa, yo no podía comprender eso de vivir el aspecto espiritual del programa, pero ahora que estoy sobrio, no puedo comprender vivir sin ese aspecto. La espiritualidad era lo que yo había estado buscando. Dios, como yo lo concibo, me ha dado las respuestas a los "porqués" que me hicieron beber por veinte años. Viviendo una vida espiritual y pidiendo ayuda a Dios he aprendido a amar, a cuidar y sentir compasión por mis semejantes y sentir alegría en un mundo, donde antes, sentía solamente temor.

LLEGAMOS A ESTAR DISPUESTOS...

Por el momento tratamos de poner en orden nuestras vidas; pero esto no es una finalidad en sí.

ALCOHÓLICOS ANÓNIMOS, p. 77

¡Qué fácil es equivocarse de dirección al acercarse al Octavo Paso! Yo deseo ser libre, transformado de alguna manera por la práctica de mi Sexto y Séptimo Pasos. Ahora, más que nunca, soy vulnerable al egoísmo y a mi agenda oculta. Tengo cuidado de recordar que la satisfacción propia, que algunas veces viene a través del perdón expresado por aquellos a quienes he hecho daño, no es mi verdadero objetivo. Llego a estar dispuesto a hacer reparaciones, sabiendo que con este proceso yo soy reparado y puesto en condiciones de seguir adelante y conocer y desear la voluntad de Dios para mí.

...SER SERVICIALES

Nuestro verdadero propósito es ponernos en condiciones para servir al máximo a Dios y a los que nos rodean.

ALCOHÓLICOS ANÓNIMOS, p. 77

Está claro que el plan de Dios para mí se expresa por el amor. Dios me amó lo suficiente como para sacarme de los callejones y de las cárceles para que pudiera participar útilmente en Su mundo. Mi respuesta es amar a todas Sus criaturas por medio del servicio y de mi ejemplo. Le pido a Dios que me ayude a imitar Su amor por mí por medio de mi amor por otros.

SEMILLAS DE FE

La fe, sin duda, es necesaria, pero la fe por sí sola de nada sirve. Es posible tener fe y, al mismo tiempo, negar la entrada de Dios en nuestra vida.

DOCE PASOS Y DOCE TRADICIONES, p. 32

Cuando niño, continuamente ponía en duda la existencia de Dios. Para un "pensador científico" como yo, ninguna respuesta soportaba una disección completa, hasta que una dama muy paciente me dijo finalmente, "Tú tienes que tener fe". Con estas simples palabras se sembraron las semillas de mi recuperación.

Hoy en día, según practico mi recuperación —cortando las malas hierbas del alcoholismo— lentamente voy dejando que esas primeras semillas de fe crezcan y florezcan. Cada día de mi recuperación, de jardinería apasionada, se integra más en mi vida el Poder Superior de mi entendimiento. Mi Dios ha estado siempre conmigo a través de mi fe, pero es mi responsabilidad tener la disposición de aceptar Su presencia.

Le pido a Dios que me conceda estar dispuesto a hacer Su voluntad.

ESCUCHAR ATENTAMENTE

Con cuánta insistencia reclamamos el derecho de decidir por nosotros mismos precisamente lo que vamos a pensar y exactamente lo que vamos a hacer.

DOCE PASOS Y DOCE TRADICIONES, p. 34

Si yo acepto y actúo por el consejo de aquellos que hicieron que el programa funcionara para ellos, tengo la oportunidad de sobrepasar los límites del pasado. Algunos problemas se reducirán a nada mientras otros puede que necesiten acción paciente y bien pensada. Escuchar atentamente cuando otros comparten puede desarrollar la intuición para manejar problemas que surgen inesperadamente. Normalmente lo mejor para mí es evitar las acciones precipitadas. Asistir a las reuniones o llamar a un compañero miembro de A.A., generalmente reduce la tensión. Compartir problemas en las reuniones con otros alcohólicos con quienes puedo identificarme, o privadamente con mi padrino puede cambiar algunos aspectos de las circunstancias en las que me encuentro. Se identifican los defectos de carácter y empiezo a ver cómo trabajan en mi contra. Cuando pongo mi fe en el poder espiritual del programa, cuando confío en que otros me enseñen lo que tengo que hacer para tener una vida mejor, descubro que puedo confiar en mí para hacer lo que sea necesario.

ACOSADOS

Acosados por cien formas de temor, de vana ilusión, de egoísmo, de autoconmiseración, les pisamos los pies a nuestros compañeros y éstos se vengan.

ALCOHÓLICOS ANÓNIMOS, p. 62

Mi egoísmo era la fuerza acosadora detrás de mi forma de beber. Bebía para celebrar el éxito y bebía para ahogar mis penas. La humildad es la respuesta. Aprendo a poner mi vida y mi voluntad al cuidado de Dios. Mi padrino me dice que el servicio me mantiene sobrio. Hoy me pregunto a mí mismo: ¿He tratado de saber la voluntad de Dios para conmigo? ¿He prestado servicio a mi grupo de A.A.?

"UN DESIGNIO PARA VIVIR"

Por nuestra parte, nosotros hemos buscado la misma salida con toda la desesperación del hombre que se está ahogando. Lo que al principio parecía un endeble junquillo ha resultado ser la amante y poderosa mano de Dios. Se nos ha dado una vida nueva o si se prefiere "un plan para vivir" que resulta verdaderamente efectivo.

ALCOHÓLICOS ANÓNIMOS, p. 28

Cada día trato de levantar mi corazón y mis manos en gratitud a Dios por enseñarme un "plan para vivir" que realmente funciona por medio de nuestra hermosa Comunidad. Pero, ¿qué es exactamente ese "plan para vivir" que "realmente funciona"? Para mí, es la práctica de los Doce Pasos lo mejor que pueda, la continua conciencia de un Dios que me ama incondicionalmente y la esperanza de que, cada día, hay un propósito para mi ser. Yo soy verdaderamente bendecido en la Comunidad.

"HICIMOS UNA LISTA..."

Hicimos una lista de todas aquellas personas a quienes habíamos ofendido...

DOCE PASOS Y DOCE TRADICIONES, p. 75

Cuando llegué al Octavo Paso, me pregunté cómo podría hacer una lista de todas las cosas que había hecho a otra gente ya que eran tantas personas y algunas de ellas ya no estaban en vida. Algunos de los daños que yo causé no eran muy graves, pero realmente me molestaban. Lo más importante de este Paso era estar dispuesto a hacer lo que fuera necesario para reparar los daños lo mejor que pudiera en ese momento particular. Querer es poder, así es que, si quiero sentirme mejor, tengo que descargar los sentimientos de culpa que tengo. En una mente tranquila no hay sitio para sentimientos de culpabilidad. Yo puedo limpiar mi mente de estos sentimientos con la ayuda de mi Poder Superior, si soy honesto conmigo mismo.

"…DE TODAS AQUELLAS PERSONAS…"

…y estuvimos dispuestos a reparar el daño que les causamos.

DOCE PASOS Y DOCE TRADICIONES, p. 75

Una de las palabras claves en el Octavo Paso es la palabra *todas*. Yo no puedo seleccionar unos pocos nombres para la lista e ignorar los demás. Es una lista de *todas* aquellas personas a quienes he ofendido. Inmediatamente puedo ver que este Paso supone el perdón, porque si no estoy dispuesto a perdonar a alguien, hay muy poca probabilidad de que ponga su nombre en la lista. Antes de escribir el primer nombre en mi lista, rezo una pequeña oración: "Perdono a cualquiera y a todos los que me han perjudicado en cualquier ocasión y bajo cualquier circunstancia".

Cada vez que se dice el Padrenuestro, me resulta muy conveniente pensar en un par de palabras muy significativas. Estas palabras son *así como*. Yo pido, "Perdónanos nuestras deudas *así como* nosotros perdonamos a nuestros deudores". En este caso, *así como* significa, "de la misma manera". Pido que se me perdone de la misma manera que yo perdono a otros. Si estoy abrigando odio o resentimiento mientras digo esta parte de la oración, estaré invitando más resentimientos cuando debería estar invocando el espíritu del perdón.

REDOBLAR NUESTROS ESFUERZOS

Hasta cierto grado, ya lo ha hecho al hacer su inventario moral, pero ahora ha llegado el momento de redoblar sus esfuerzos para ver a cuántas personas ha lastimado y de qué manera.

DOCE PASOS Y DOCE TRADICIONES, p. 75

Según sigo creciendo en sobriedad, llego a tener más conciencia de mí mismo como una persona valiosa. En este proceso puedo ver mejor a otros como personas y con esto viene la comprensión de que éstas eran personas a quienes yo había lastimado durante mis días de bebedor. Yo no solamente mentí, mentí respecto a Tomás. No solamente engañé, engañé a Pepe. Lo que aparentaban ser solamente acciones impersonales fueron realmente afrentas personales porque eran gente —gente de valor— a quienes yo había ofendido. Necesito hacer algo respecto a la gente que he ofendido para poder disfrutar de una sobriedad pacífica.

SACAR EL "VIDRIO MOLIDO"

"El inventario moral es un análisis objetivo de los daños que sufrimos durante la vida y un esfuerzo sincero para considerarlos desde una perspectiva honesta. Esto tiene el resultado de sacar de nuestro interior el vidrio molido, aquella sustancia emocional que todavía nos corta y nos cohíbe".

COMO LO VE BILL, p. 140

Mi lista del Octavo Paso me arrastraba a un torbellino de resentimientos. Después de cuatro años de sobriedad estaba bloqueado por la negación conectada con una relación abusiva. La disputa entre el temor y el orgullo se ablandaba según las palabras del Paso pasaban de la cabeza al corazón. Por primera vez en muchos años abrí mi caja de pinturas y derramé una rabia honesta, una explosión de rojos, negros y amarillos. Lágrimas de alegría y de alivio rodaron por mis mejillas cuando contemplé el dibujo. En mi enfermedad yo había renunciado a mi arte, un castigo autoinflingido mucho mayor que cualquier otro venido de afuera. En mi recuperación me di cuenta de que el dolor de mis defectos es la misma substancia que usa Dios para limpiar mi carácter y hacerme libre.

UNA MIRADA HACIA ATRÁS

Primero, echamos una mirada a nuestro pasado e intentamos descubrir en donde hicimos algún mal; segundo, hacemos un enérgico esfuerzo para reparar el daño que hemos causado….

DOCE PASOS Y DOCE TRADICIONES, p. 75

Como un viajero en un nuevo y emocionante viaje A.A. de recuperación, yo experimenté una nueva tranquilidad de espíritu y el horizonte apareció claro y brillante en lugar de ser oscuro y turbio. Revisar mi vida para descubrir en dónde había fallado me parecía ser una tarea ardua y peligrosa. Era penoso hacer una pausa y mirar hacia atrás. ¡Tenía miedo de que fuera a tropezar! ¿No podía olvidar el pasado y solamente vivir en mi nuevo y dorado presente? Me di cuenta de que aquellos a quienes había perjudicado en el pasado se interponían entre mi persona y mi deseo de continuar en mi viaje hacia la serenidad. Tenía que pedir valor para enfrentarme a esas personas en mi vida que todavía vivían en mi conciencia, para reconocer y tratar la culpabilidad que me producía su presencia. Tuve que mirar los daños que había causado y disponerme a hacer reparaciones. Solamente entonces pude reanudar mi viaje del espíritu.

TODO DE UN GOLPE

…y tercero, habiendo limpiado así los escombros del pasado, y con nuestro recién adquirido conocimiento de nosotros mismos, nos ponemos a considerar cómo trabar las mejores relaciones posibles con todos los seres humanos que conozcamos.

DOCE PASOS Y DOCE TRADICIONES, p. 75

Todo lo que se requería para cumplir con éxito los siete Pasos anteriores: valor, honestidad, sinceridad, disposición y minuciosidad, se reunieron cuando le hice frente al Octavo Paso. Al principio no podía armarme del valor necesario para esta tarea, lo cual es el porqué este Paso dice "estuvimos dispuestos…"

Tenía que desarrollar el valor para empezar, la honestidad para ver en dónde estaba equivocado, un sincero deseo de poner las cosas en orden, minuciosidad al hacer la lista y disposición para tomar los riesgos necesarios para obtener una verdadera humildad. Con la ayuda de mi Poder Superior para desarrollar estas virtudes, completé este Paso y continué moviéndome hacia adelante en mi búsqueda del desarrollo espiritual.

REPARAR EL DAÑO

Tratamos de barrer los escombros acumulados como resultado de nuestro empeño en vivir obstinados y manejarlo todo a nuestro capricho. Si aún no tenemos la voluntad de hacerlo, la pedimos hasta que nos llegue. Recordemos que al principio estuvimos de acuerdo en que haríamos todo lo que fuese necesario para sobreponernos al alcohol.

ALCOHÓLICOS ANÓNIMOS, p. 76

Hacer una lista de las personas a quienes había perjudicado no fue una cosa difícil de hacer. Ya habían aparecido en mi inventario del Cuarto Paso: gente contra quienes yo tenía resentimientos, reales o imaginarios, y a quienes yo había herido con actos vengativos. Para que mi recuperación fuera completa, yo no creía que fuera importante que aquellos que me habían ofendido legítimamente tuvieran que hacerme reparaciones. Lo que es importante en mi relación con Dios es que me ponga frente a Él sabiendo que yo he hecho todo lo posible para reparar los daños que he causado.

¿NO HICIMOS DAÑO A NADIE?

*Algunos de nosotros nos encontramos con otro obs-
táculo muy distinto. Nos aferrábamos a la idea de
que los únicos perjudicados por nuestra forma de
beber éramos nosotros.*

DOCE PASOS Y DOCE TRADICIONES, p. 77

Este Paso parecía tan sencillo. Yo identificaba a
alguna gente a quienes había hecho daño, pero
ellos ya no estaban a mi alcance. No obstante, me
sentía incómodo con este Paso y evitaba las con-
versaciones que tenían que ver con él. Más tarde
aprendí a investigar aquellos Pasos y áreas de mi
vida que me hacían sentir incómodo. Mí búsqueda
puso de manifiesto a mis padres, quienes habían
sido profundamente heridos por mi aislamiento
de ellos; mi patrón, quien se preocupaba por mis
ausencias, por mis pérdidas de memoria, por mi
temperamento; y los amigos a quienes había vuelto
la espalda sin explicaciones. Al enfrentarme con la
realidad del daño que había hecho, el Paso Ocho
cobró un nuevo significado. Ya no estoy incómodo
y me siento limpio y liviano.

"YO HABÍA DESAPARECIDO"

La siguiente pregunta que nos podemos hacer es qué queremos decir cuando hablamos de haber causado "daño" a otras personas. ¿Qué tipos de "daños" puede causar una persona a otra? Para definir la palabra "daño" de una manera práctica, podemos decir que es el resultado de un choque de los instintos que le causa a alguien un perjuicio físico, mental, emocional o espiritual.

DOCE PASOS Y DOCE TRADICIONES, p. 78

En las reuniones de Octavo Paso, yo siempre pensaba, "realmente no he hecho daño a mucha gente sino principalmente a mí mismo". Pero cuando escribí mi lista, no era tan corta como esperaba. Era que tú me gustabas, que no me gustabas o que necesitaba algo de ti — así de simple. La gente no había hecho lo que yo quería y mis relaciones íntimas estaban fuera de control debido a las exigencias irrazonables de mi pareja. ¿Eran estos pecados de omisión? Debido a mi forma de beber, yo "había desaparecido" — nunca envié tarjetas, nunca devolví llamadas, nunca me hice presente para otra gente ni tomé parte en sus vidas. Qué gracia ha sido echar una mirada a estas relaciones, hacer mis inventarios en quietud, sólo con el Dios de mi entendimiento y seguir adelante a diario, dispuesto a ser honesto y recto en mis relaciones.

CORREGIR EL DAÑO

En muchos casos veremos que, aunque el daño causado a otros no ha sido muy serio, el daño emocional que nos hemos hecho a nosotros mismos ha sido enorme.

DOCE PASOS Y DOCE TRADICIONES, pp. 77-78

¿Has pensado alguna vez que el daño que hiciste a un asociado de negocios, o quizá a un miembro de tu familia era tan pequeño que no merecía pedir disculpas porque ellos, de todos modos, probablemente ni se acordarían? Si esa persona y el daño causado sigue viniendo a la mente una y otra vez, causando una inquietud o quizá un sentimiento de culpa, entonces yo pongo el nombre de esa persona a la cabeza de mi "lista de reparaciones" y me dispongo a presentar una sincera explicación, sabiendo que una vez cumplida esta importante parte de mi recuperación, me sentiré calmado y descansado.

MEJORARSE

Los conflictos emocionales, muy profundos, y a veces totalmente olvidados, persisten de forma desapercibida en el subconsciente.

DOCE PASOS Y DOCE TRADICIONES, p. 78

Solamente por acción positiva puedo eliminar los vestigios de culpabilidad y vergüenza causados por el alcohol. En todas mis desventuras de mis días de bebedor, mis amigos me decían, "¿por qué estás haciendo esto? Solamente te estás haciendo daño a ti mismo". Muy poco sabía yo qué ciertas eran estas palabras. Aunque yo había causado daños a otros, algo de mi comportamiento me había causado graves heridas en el alma. El Paso Ocho me ofrece una manera de perdonarme a mí mismo. Yo alivio muchos de mis daños ocultos cuando hago una lista de aquellos a quienes he herido. Al hacer reparaciones, me libero de cargas, contribuyendo así a mi mejoramiento.

UN MARCO DE REFERENCIA

Refiriéndonos una vez más a nuestra lista (inventario), quitando de nuestras mentes los errores que los demás habían cometido, buscamos resueltamente nuestras propias faltas. ¿Cuándo habíamos sido egoístas, interesados, faltos de sinceridad y habíamos tenido miedo?

ALCOHÓLICOS ANÓNIMOS, p. 67

El no necesitar la constante aprobación de mis colegas en el trabajo ni de mis seres más queridos me produce una maravillosa sensación de libertad. Me hubiera gustado saber de este Paso antes, porque una vez que establecí un marco de referencia, me sentí capaz de hacer la siguiente cosa correcta, sabiendo que la acción correspondía a la situación y que ésta era la cosa apropiada que había que hacer.

HACIA LA LIBERTAD EMOCIONAL

Ya que las relaciones defectuosas con otros seres humanos casi siempre han sido la causa inmediata de nuestros sufrimientos, incluyendo nuestro alcoholismo, no hay otro campo de investigación que pueda ofrecernos recompensas más gratificadoras y valiosas que éste.

DOCE PASOS Y DOCE TRADICIONES, p. 78

La buena voluntad es algo peculiar para mí porque, con el tiempo, parece venir primero con conciencia, pero después con un sentimiento de incomodidad que me hace querer ponerme en acción. Mientras yo pensaba en dar el Octavo Paso, mi disposición a hacer reparaciones me llegó como un deseo de perdonar a otros y a mí mismo. Sentí el perdón hacia otros después de darme cuenta de mi parte en las dificultades de mis relaciones. Quería sentir la paz y la serenidad descritas en las Promesas. Por la práctica de los siete primeros Pasos, me di cuenta de a quiénes había causado daño y de que yo había sido mi peor enemigo. Para restaurar mis relaciones con mis semejantes, sabía que tendría que cambiar. Quería aprender a vivir en armonía conmigo mismo y con otros para así poder también vivir en libertad emocional. El principio del fin de mi aislamiento de mis compañeros y de Dios me llegó cuando escribí la lista de mi Octavo Paso.

SOLAMENTE TRATAMOS

Mi estabilidad me llegó al tratar de dar, no de exigir que se me diera.

LO MEJOR DE BILL, p. 43

Mientras que yo trate, con alma y corazón, de pasar a otros lo que otros me pasaron a mí, y no exija nada a cambio, la vida es buena. Antes de entrar al programa de Alcohólicos Anónimos nunca fui capaz de dar sin exigir algo a cambio. Muy poco sabía yo que, una vez que empezara a dar libremente de mí mismo, comenzaría a recibir, sin nunca esperar o exigir nada. Lo que recibo hoy es el don de la "estabilidad", como le pasó a Bill: estabilidad en mi programa A.A. y estabilidad dentro de mí mismo; pero sobre todo, estabilidad en mi relación con mi Poder Superior, a quien yo he elegido llamar Dios.

BUSCAR LA ESTABILIDAD EMOCIONAL

Al desarrollarnos aun más, descubrimos que la mejor fuente posible de estabilidad emocional era el mismo Dios. Vimos que la dependencia de Su perfecta justicia, perdón y amor era saludable, y que funcionaría cuando todo lo demás nos fallara. Si realmente dependíamos de Dios, no nos sería posible hacer el papel de Dios con nuestros compañeros, ni sentiríamos el deseo urgente de depender totalmente de la protección y cuidado humanos.

DOCE PASOS Y DOCE TRADICIONES, p. 114

Toda mi vida dependía de otra gente para mis necesidades y mi seguridad, pero hoy ya no puedo vivir así. Por la gracia de Dios, he admitido mi impotencia ante la gente, lugares y cosas. Era un verdadero "adicto a las personas"; dondequiera que fuera tenía que tener a alguien que me prestara alguna clase de atención. Era una actitud que solamente podía empeorar, porque cuanto más dependía de otros y más atención les exigía, menos recibía.

He dejado de creer que cualquier poder humano pueda quitarme aquel sentimiento de vacío. Sigo siendo un ser humano frágil que tiene que practicar los Pasos de A.A. para anteponer este principio a mi personalidad — sólo un Dios amoroso me puede dar paz y estabilidad emocional.

LLEVAR EL MENSAJE AL HOGAR

¿Podemos llevar a nuestras desordenadas vidas familiares el mismo espíritu de amor y tolerancia que llevamos a nuestro grupo de A.A.?

DOCE PASOS Y DOCE TRADICIONES, p. 109

Los miembros de mi familia sufren los efectos de mi enfermedad. Amarlos y aceptarlos como ellos son —tal como amo y acepto a los miembros de A.A.— hace retornar el amor, la tolerancia y la armonía a mi vida. Ser cortés y respetar las fronteras personales son prácticas necesarias en todos los aspectos de mi vida.

UN ENIGMA QUE DA RESULTADOS

Puede que sea posible explicar las experiencias espirituales, tales como nosotros las hemos conocido, pero yo a menudo he tratado de explicar la mía propia y sólo he logrado contar la historia de la experiencia. Yo sé cómo me hizo sentir y los resultados que ha conllevado, pero me doy cuenta de que nunca lograré entender su más profundo cómo y porqué.

COMO LO VE BILL, p. 313

Yo tuve una profunda experiencia espiritual durante una reunión abierta de A.A., la cual me hizo decir abruptamente, "¡soy alcohólico!" No he tomado un solo trago desde ese día. Yo podría decirles las palabras que oí justo antes de mi admisión y cómo me afectaban, pero el porqué sucedió esto, no lo sé. Creo que un poder superior a mí mismo me eligió para recuperarme, sin embargo no sé por qué. Trato de no preocuparme ni elucubrar sobre lo que todavía no sé; en cambio, confío en que si continúo practicando los Pasos y los principios de A.A. en mi vida, compartiendo mi experiencia, seré amorosamente guiado hacia una profunda y madura espiritualidad en la cual se me irá revelando más y más. Por el momento, es para mí un regalo confiar en Dios, practicar los Pasos y ayudar a otros.

EL DON DE VINCULARSE

Líbrame de mi propio encadenamiento para que pueda cumplir mejor con Tu voluntad.

ALCOHÓLICOS ANÓNIMOS, p. 63

Muchas veces en mi estado alcohólico bebía para establecer un vínculo con los demás, pero sólo logré establecer la esclavitud de la soledad alcohólica.

Por medio de la manera de vivir en A.A. yo he recibido el don de vincularme — con aquellos que estaban allí antes que yo, con aquellos que están ahora y con aquellos que aún están por venir. Estoy eternamente agradecido por este generoso don de Dios.

ENTREGARLO

*Aunque sabían que tenían que ayudar a otros alcohó-
licos para permanecer sobrios, este motivo se volvió
secundario. Fue superado por la felicidad que encontraron en darse a otros.*

ALCOHÓLICOS ANÓNIMOS, p. 159

Para mí, estas palabras se refieren a una transfe-
rencia de poder, a través del cual, Dios, como yo lo
concibo, entra en mi vida. Con la oración y la meditación, yo abro canales y luego establezco y mejoro
mi contacto consciente con Dios. Entonces, por la
acción recibo el poder que necesito para mantener
mi sobriedad cada día. Manteniendo mi condición
espiritual, dando a otros lo que tan gratuitamente
se me ha dado a mí, se me concede el indulto diario.

CENTRAR NUESTROS PENSAMIENTOS

Cuando estalló la Segunda Guerra Mundial, se puso a prueba por primera vez la dependencia de A.A. de un Poder Superior. Los A.A. se alistaron en las fuerzas armadas y se encontraban estacionados en todas partes del mundo. ¿Podrían aguantar la disciplina, comportarse con valor en el fragor de las batallas, y soportar...?

COMO LO VE BILL, p. 200

Centraré mis pensamientos en un Poder Superior. Lo entregaré todo a ese poder dentro de mí. Seré un soldado de ese poder, sintiendo la fuerza del ejército espiritual tal como existe hoy en mi vida. Permitiré que una ola de unión espiritual me conecte a este Poder Superior por medio de mi gratitud, obediencia y disciplina. Que yo permita que este poder me guíe con órdenes para el día. Que los pasos que dé hoy puedan fortalecer mis palabras y mis acciones, que yo sepa que el mensaje que llevo es mío para compartir, regalo generoso de ese poder superior a mí mismo.

ALIGERAR LA CARGA

El mostrarle a otros que sufren cómo se nos ayudó es precisamente lo que hace ahora que la vida nos parezca de tanto valor… el tenebroso pasado… [es la] clave de la vida y de la felicidad de otros.

ALCOHÓLICOS ANÓNIMOS, p. 124

Desde que logré mi sobriedad, he sido curado de muchos dolores: traicionar a mi compañero, dejar a mi mejor amigo y echar a perder las esperanzas que mi madre tenía depositadas en mí. En cada caso, alguien del programa me habló de un problema similar y pude compartir lo que me sucedió a mí. Cuando conté mi historia, ambos nos levantamos con los corazones aligerados.

ESCOJO EL ANONIMATO

Estamos convencidos de que la humildad, expresada por el anonimato, es la mayor protección que Alcohólicos Anónimos jamás pueda tener.

DOCE PASOS Y DOCE TRADICIONES, p. 182-3

Ya que en A.A. no hay reglas, yo me sitúo donde más me conviene, así es que escojo el anonimato. Quiero que mi Dios me utilice a mí, humildemente, como uno de sus instrumentos en este programa. El sacrificio es el arte de dar de mí generosamente, permitiendo que la humildad reemplace a mi ego. Con sobriedad, yo reprimo el deseo de gritar al mundo, "yo soy miembro de A.A." y experimento alegría y paz interior. Permito que la gente vea los cambios en mí y espero que ellos me pregunten qué me sucedió. Pongo los principios de espiritualidad antes de juzgar, de buscar faltas y de criticar. Quiero amor y cariño en mi grupo para poder desarrollarme.

EL ÚNICO REQUISITO

En aquella época… cada grupo de A.A. tenía muchos reglamentos para hacerse miembro. Todos estaban aterrados de que algo o alguien hiciera zozobrar la embarcación… La lista completa medía más de una milla. Si todos los reglamentos hubieran estado en vigor en todas partes, a nadie le habría sido posible hacerse miembro de A.A.…

DOCE PASOS Y DOCE TRADICIONES, p. 135-6

Yo estoy agradecido de que la Tercera Tradición solamente requiere que tenga el deseo de dejar de beber. Por años había estado rompiendo promesas. En la Comunidad no tenía que hacer promesas, no tenía que concentrarme. Solamente tenía que asistir a una reunión, en una condición nublada, para saber que estaba en casa. No tuve que jurar amor eterno. Aquí, gente desconocida me abrazó. "Todo mejorará", decían, y, "tú puedes lograrlo un día a la vez". Ellos dejaron de ser desconocidos para convertirse en amigos cariñosos. Le pido a Dios que me ayude a llegar a la gente que desea sobriedad y que me mantenga agradecido.

UN PROGRAMA ÚNICO

Alcohólicos Anónimos nunca tendrá una clase profe-sional. Hemos llegado a captar el significado del an-tiguo dicho "Libremente hemos recibido, libremente debemos dar." Nos hemos dado cuenta de que en lo referente al profesionalismo, el dinero y la espirituali-dad no se pueden mezclar.

DOCE PASOS Y DOCE TRADICIONES, p. 161

Yo creo que Alcohólicos Anónimos se distingue en el tratamiento del alcoholismo porque está basado solamente en el principio de un alcohólico que comparte con otro alcohólico. Esto es lo que hace único al programa. Cuando yo decidí que quería mantenerme sobria, llamé a una mujer que sabía era miembro de Alcohólicos Anónimos, y ella me trajo el mensaje de A.A. No recibió ninguna com-pensación monetaria, sino que su recompensa fue mantenerse sobria un día más. Hoy yo no podría pedir ningún pago que no fuera otro día libre del alcohol; así es que, a este respecto, se me paga gene-rosamente por mi trabajo.

ESTAR DISPUESTO A CRECER

Si hemos de recibir otros dones, es necesario perseverar en el despertar.

COMO LO VE BILL, p. 8

La sobriedad llena el doloroso "vacío del alma" que ocasionó mi alcoholismo. A menudo, me siento tan bien físicamente que me parece que mi trabajo ha terminado. Sin embargo, la alegría no es sólo la ausencia de dolor; es el don de un continuo despertar espiritual. La alegría viene de un estudio progresivo y activo, así como de la aplicación de los principios de recuperación en mi vida diaria y de compartir esa experiencia con otros. Mi Poder Superior me presenta muchas oportunidades para un más profundo despertar espiritual. No tengo que hacer más que poner en mi recuperación la disposición para crecer. Hoy, estoy listo para crecer.

ENCONTRAR UNA RAZÓN PARA CREER

La disposición para desarrollarse es la esencia de todo progreso espiritual.

COMO LO VE BILL, p. 171

Una frase de una canción dice, "...y busco una razón para creer...". Esto me recuerda que en un tiempo yo no podía encontrar una razón para creer que mi vida estaba bien. Aunque mi vida había sido rescatada por mi llegada a A.A., tres meses más tarde salí y fui a beber otra vez. Alguien me dijo entonces: "Tú no tienes que creer. ¿No estás *dispuesto* a creer que hay una razón para tu vida, aunque tú no sepas cuál es o que algunas veces no sepas cómo comportarte?" Cuando vi lo dispuesto que estaba a creer que *había* una razón en mi vida, entonces podía empezar a trabajar en los Pasos. Ahora, cuando empiezo con, "estoy dispuesto...", me valgo de la llave que me conduce a la acción, a la honestidad y a la receptividad a un Poder Superior que se mueve en toda mi vida.

CONSTRUIR UNA NUEVA VIDA

Creemos que es un irreflexivo el hombre que dice que le basta con abstenerse de beber.

ALCOHÓLICOS ANÓNIMOS, p. 82

Cuando hago mis reflexiones sobre el Paso Nueve, veo que la sobriedad física debe ser suficiente para mí. Tengo que recordar la desesperanza que sentía antes de encontrar la sobriedad y lo dispuesto que estaba para hacer todo lo que fuera necesario para conseguirla. No obstante, la sobriedad física no es suficiente para aquellos que me rodean porque tengo que procurar que el don de Dios sea usado para edificar una nueva vida para mi familia y seres queridos. De igual importancia, tengo que estar disponible para ayudar a otros que desean la manera de vivir de A.A.

Le pido a Dios que me ayude a compartir el don de la sobriedad para que aquellos a quienes conozco y amo puedan ver sus beneficios.

RECONSTRUCCIÓN

Sí, hay por delante un largo período de recons-
trucción ...

ALCOHÓLICOS ANÓNIMOS, p. 83

La reconstrucción de mi vida es la meta primordial
de mi recuperación mientras evito tomar el primer
trago, un día a la vez. La tarea se cumple con más
éxito trabajando los Pasos de nuestra Comunidad.
La vida espiritual no es una teoría; da resultados,
pero yo tengo que vivirla. El Paso Dos me inició
en mi viaje para desarrollar una vida espiritual; el
Paso Nueve me hace posible progresar hacia la fase
final de los Pasos iniciales que me enseñaron a vivir
una vida espiritual. Sin la dirección y la fortaleza de
un Poder Superior, sería imposible progresar por las
varias etapas de reconstrucción. Yo me doy cuenta
de que Dios trabaja para mí y a través mío. La
prueba me viene cuando me doy cuenta de que Dios
hizo por mí lo que yo no podía hacer por mí mismo,
quitándome esa corrosiva obsesión por beber. Diariamente tengo que seguir buscando la orientación
de Dios. Él me concede un indulto diario y me dará
el poder que necesito para la reconstrucción.

EQUILIBRIO EMOCIONAL

Reparamos directamente a cuantos nos fue posible…
DOCE PASOS Y DOCE TRADICIONES, p. 81

Cuando pienso en mis días de bebedor, recuerdo mucha gente a quienes mi vida tocó de manera accidental, pero cuyos días yo trastornaba con mi ira y mi sarcasmo. Esta gente no puede ya ser ubicada y las reparaciones directas no son posibles. Las únicas enmiendas que puedo hacer a aquellos individuos que no puedo ubicar, los únicos "cambios a mejor" que puedo ofrecer, son reparaciones indirectas a otra gente cuyos rumbos se cruzan con el mío. La cortesía y la bondad, practicada de manera regular, me ayudan a vivir en equilibrio emocional, en paz conmigo mismo.

ELIMINAR LAS AMENAZAS A
LA SOBRIEDAD

…excepto cuando el hacerlo implicaba perjuicio para ellos o para otros.

ALCOHÓLICOS ANÓNIMOS, p. 59

El Paso Nueve restaura en mí un sentimiento de pertenecer, no sólo a la raza humana sino también al mundo diario. Primero, el Paso me hace salir de la seguridad de A.A. para que pueda tratar con gente no A.A. "allá afuera", bajo sus condiciones, no las mías. Esta es una acción temerosa pero necesaria si yo voy a participar en la vida. Segundo, el Paso Nueve me hace posible eliminar las amenazas a mi sobriedad reparando relaciones pasadas. El Paso Nueve me señala el camino hacia una sobriedad más serena, permitiéndome eliminar los escombros para no tropezarme con ellos.

"NUESTRO LADO DE LA CALLE"

Estamos aquí para barrer nuestro lado de la calle, comprendiendo que no podremos hacer nada que valga la pena hasta que lo hagamos, nunca tratando de decirle qué es lo que él debe hacer. No se discuten sus defectos; nos limitamos a los nuestros.

ALCOHÓLICOS ANÓNIMOS, p. 77-78

Yo hice reparaciones a mi padre poco tiempo después de dejar de beber. Mis palabras cayeron sobre oídos sordos ya que yo lo había culpado por mis dificultades. Varios meses después hice reparaciones a mi padre otra vez. En esta ocasión escribí una carta en la que no lo culpaba y tampoco hice mención de sus faltas. Dio resultado, y por fin caí en la cuenta. Mi lado de la calle es todo de lo que yo soy responsable y, gracias a Dios y a A.A. — este lado está limpio hoy.

"PEDIMOS SU PROTECCIÓN"

Entregándonos totalmente, le pedimos a Dios su protección y cuidado.

ALCOHÓLICOS ANÓNIMOS, p. 59

Yo no podía manejar mi vida solo. Había tratado de hacerlo y fracasé. Mi "pecado máximo" me arrastró al nivel más bajo que haya podido llegar e, incapaz de funcionar, acepté el hecho de que desesperadamente necesitaba ayuda. Dejé de luchar y me entregué totalmente a Dios.

Solamente entonces empecé a desarrollarme. Dios me perdonó. Un Poder Superior tenía que haberme salvado, porque los doctores dudaban que yo pudiera sobrevivir. Ahora me he perdonado a mí mismo y disfruto de una libertad que nunca había experimentado antes. He abierto mi corazón y mi mente a Él. Cuanto más aprendo, menos sé —una realidad para la humildad— pero sinceramente quiero seguir desarrollándome. Disfruto de serenidad, pero solamente cuando confío mi vida totalmente a Dios. Mientras que yo sea honesto conmigo y pida Su ayuda, puedo seguir manteniendo esta existencia gratificadora.

Sólo por hoy, me esfuerzo por vivir sobrio y de acuerdo a Su voluntad.

Doy gracias a Dios que hoy puedo optar por no beber. ¡Hoy la vida es bella!

ABRIR NUEVAS PUERTAS

*Están (las promesas) cumpliéndose entre nosotros
— a veces rápidamente, a veces lentamente…*

ALCOHÓLICOS ANÓNIMOS, p. 84

Las promesas mencionadas en este pasaje poco a poco están cobrando vida para mí. Lo que me ha dado esperanza es poner en práctica el Paso Nueve. El Paso me ha permitido ver y establecer objetivos en mi recuperación.

Los viejos hábitos y comportamientos difícilmente mueren. Practicar el Paso Nueve me hace posible cerrar la puerta al borracho que era y abrirme nuevas avenidas como alcohólico sobrio. Hacer reparaciones directas es crucial para mí. Al reparar relaciones y comportamientos del pasado puedo con más facilidad vivir una vida sobria.

Aunque llevo algunos años sobrio, hay ocasiones en que tengo que ocuparme de las "cosas viejas" del pasado y el Paso Nueve siempre funciona, cuando yo lo practico.

¿RECUPERACIÓN "POR PODER"?

...pero siempre se realizarán si trabajamos para obtenerlas.

ALCOHÓLICOS ANÓNIMOS, p. 84

Yo algunas veces pienso: "Hacer estas reparaciones es ir demasiado lejos. Nadie debería tener que humillarse de esa manera". Sin embargo, es esa misma humildad la que me acerca más a la luz del espíritu. A.A. es la única esperanza que tengo si he de seguir recuperándome y lograr una vida de felicidad, amistad y armonía.

HACER ENMIENDAS

Sobre todo, debemos intentar estar completamente seguros de que no lo estamos retrasando porque tenemos miedo.

DOCE PASOS Y DOCE TRADICIONES, p. 85

El tener valor, el no tener miedo, son regalos de mi recuperación. Me hace posible pedir ayuda y seguir haciendo mis enmiendas con un sentido de dignidad y humildad. Para hacer enmiendas se requiere cierta cantidad de honestidad que creo que me falta; sin embargo, con la ayuda de Dios y la sabiduría de otros puedo buscar adentro y encontrar la fortaleza para actuar. Mis enmiendas pueden ser o no ser aceptadas, pero después de que están hechas puedo caminar con un sentimiento de libertad y saber que, por hoy, yo soy responsable.

YO SOY RESPONSABLE

Porque el verdadero espíritu del Noveno Paso es la disposición a aceptar todas las consecuencias de nuestras acciones pasadas y, al mismo tiempo, asumir responsabilidad por el bienestar de los demás.

DOCE PASOS Y DOCE TRADICIONES, p. 85

En la recuperación y con la ayuda de Alcohólicos Anónimos, llego a reconocer que lo que yo temo es mi libertad. Viene de mi tendencia a rechazar asumir cualquier responsabilidad: yo niego, ignoro, culpo, evito. Pero entonces, un día yo miro, admito y acepto. La libertad, el alivio y la recuperación que experimento están en eso, mirar, admitir y aceptar. Aprendo a decir, "sí, yo soy responsable". Cuando puedo decir estas palabras con honestidad y sinceridad, soy libre.

REPARAR EL DAÑO

Buen juicio, capacidad para escoger el momento oportuno, valor y prudencia — estas son las cualidades que necesitaremos al dar el Noveno Paso.

DOCE PASOS Y DOCE TRADICIONES, p. 81

Hacer enmiendas puede verse de dos maneras: primera, reparar el daño, porque si yo he dañado la cerca de mi vecino, yo la "enmiendo", y esto es una reparación directa; la segunda manera es modificar mi comportamiento, porque, si mis acciones han herido a alguien, yo hago un esfuerzo diario para no seguir causando más daños. Yo "enmiendo mis modos" y esto es una reparación indirecta. ¿Cuál es la mejor manera? La única manera correcta, siempre que al hacerlo no cause más daño, es hacer ambas cosas. Si el daño ya está hecho, simplemente "enmiendo mis modos". Ponerme en acción de esta manera me asegura de hacer enmiendas honestas.

TRANQUILIDAD DEL ESPÍRITU

¿Exponemos la situación a nuestro padrino o conse-jero espiritual, pidiendo ardientemente la ayuda y la orientación de Dios — y resolviéndonos a hacer lo debido cuando sepamos con certeza cómo proceder, cueste lo que cueste?

DOCE PASOS Y DOCE TRADICIONES, p. 84

Mi creencia en un Poder Superior es una parte esencial de mi trabajo en el Paso Nueve; perdón, momento oportuno y motivos correctos son los otros ingredientes. Mi disposición a practicar el Paso es una experiencia de crecimiento que me abre la puerta a relaciones nuevas y honestas con la gente que he ofendido. Mi acción responsable me acerca más a los principios espirituales del pro-grama — amor y servicio. Tranquilidad del espíritu, serenidad y una fe más sólida, sin duda le seguirán.

UNA VIDA NUEVA

Sí, hay un substituto y es mucho más que eso. Es la Comunidad de Alcohólicos Anónimos… La vida tendrá al fin un significado.

ALCOHÓLICOS ANÓNIMOS, p. 152

La vida es mejor sin alcohol. A.A. y la presencia de un Poder Superior me mantienen sobrio, pero la gracia de Dios hace aún mucho más; trae servicio a mi vida. El contacto con el programa de A.A. me da una nueva y más amplia comprensión de lo que es Alcohólicos Anónimos y de lo que hace, pero lo más importante, contribuye a enseñarme quien soy yo: un alcohólico que necesita la constante experiencia del programa de Alcohólicos Anónimos para poder vivir una vida que es un don de mi Poder Superior.

UNIDOS VENCEREMOS O PERECEREMOS

…ninguna otra asociación de hombres y mujeres ha tenido nunca una necesidad más urgente de eficacia continua y unión permanente. Nosotros los alcohólicos vemos que tenemos que trabajar juntos y conservarnos unidos o de lo contrario la mayoría de nosotros pereceremos.

ALCOHÓLICOS ANÓNIMOS, p. 513

Así como los Doce Pasos están escritos en secuencia específica por una razón, también lo están las Doce Tradiciones. El Primer Paso y la Primera Tradición intentan inculcar en mí la suficiente humildad como para darme una oportunidad de sobrevivir. Juntos son la base sobre la que los siguientes Pasos y Tradiciones se construyen. Es un proceso de desinflamiento del ego que me permite crecer, como individuo a través de los Pasos, y como miembro contribuyente de un grupo a través de las Tradiciones. La total aceptación de la Primera Tradición me hace posible poner a un lado las ambiciones personales, los temores y la ira, cuando éstas están en conflicto con el bienestar común. Sin la Primera Tradición, yo tengo muy poca oportunidad de mantener la unidad requerida para trabajar eficazmente con otros y también corro el riesgo de perder las demás Tradiciones, la Comunidad y mi propia vida.

LIBERACIÓN DEL TEMOR

*Cuando, con la ayuda de Dios, aceptamos serenamen-
te nuestra suerte, nos dimos cuenta de que podíamos
vivir en paz con nosotros mismos y enseñar a otros
que aún sufrían los mismos temores que ellos también
podían superarlos. Llegamos a entender que liberarnos del temor era más importante que liberarnos de
las inquietudes económicas.*

DOCE PASOS Y DOCE TRADICIONES, p. 119

Los valores materiales rigieron mi vida por muchos
años durante mi alcoholismo activo. Creía que
todas mis posesiones me harían feliz; sin embargo,
todavía me sentía en quiebra después de haberlas
adquirido. Cuando llegué por primera vez a A.A.
supe de una nueva manera de vivir. Como resultado
de aprender a confiar en otros, empecé a creer en un
poder superior a mí mismo. Tener fe me liberó de la
esclavitud de mi ego. Según las ganancias materiales eran reemplazadas por los dones del espíritu, mi
vida se hizo manejable. Luego, elegí compartir mis
experiencias con otros alcohólicos.

RECUPERADO POR EL AMOR

Toda nuestra atesorada filosofía de independencia tuvo que ser puesta a un lado. Esto no fue hecho con nuestra bien conocida fuerza de voluntad; era más bien una cuestión de desarrollar la disposición de aceptar estas nuevas realidades de la vida. Ni huimos ni peleamos. Pero sí aceptamos. Y entonces fuimos libres.

LO MEJOR DEL GRAPEVINE, Vol. I, p. 198

Yo puedo ser liberado de la esclavitud de mi viejo ego. Después de un tiempo reconozco y creo en lo bueno dentro de mí. Veo que mi Poder Superior, que me envuelve, me ha hecho recuperar por su amor. Mi Poder Superior se convierte en esa fuente de amor y fortaleza que está haciendo un milagro continuo. Estoy sobrio… y estoy agradecido.

ACEPTACIÓN

Admitimos que no podíamos derrotar al alcohol con los recursos que nos quedaban y por eso aceptamos el nuevo hecho de que la dependencia de un poder superior (aunque sólo fuera nuestro grupo de A.A.) podría realizar esta tarea que hasta ahora había sido imposible. En el momento en que pudimos aceptar totalmente estos hechos, empezó nuestra liberación de la obsesión por el alcohol.

COMO LO VE BILL, p. 109

La libertad me llegó solamente con la aceptación de que podía poner mi vida y mi voluntad al cuidado de mi Poder Superior, a quien yo llamo Dios. La serenidad se empezó a filtrar en el caos de mi vida cuando acepté que lo que me estaba sucediendo era la vida misma y que Dios me ayudaría en mis dificultades — así como en mucho más. Desde entonces Él me ha ayudado en todas mis dificultades. Cuando acepto las situaciones como son, no como yo quiero que sean, entonces empiezo a crecer y a tener serenidad y tranquilidad de espíritu.

P.S. COMO GUÍA

Ocúpate, pues, de que tu relación con Él ande bien y grandes acontecimientos te sucederán a ti y a infinidad de otros. Esta es para nosotros la Gran Realidad.

ALCOHÓLICOS ANÓNIMOS, p. 164

Tener una relación buena con Dios me parecía ser imposible. Mi pasado caótico me había dejado lleno de culpabilidad y remordimiento y yo me preguntaba cómo podría funcionar este "asunto de Dios". A.A. me dijo que yo debía poner mi vida y mi voluntad al cuidado de Dios, como yo lo concibiera. Sin tener otro lugar donde acudir, me puse de rodillas y exclamé, "¡Dios, yo no puedo hacerlo, por favor ayúdame!" Cuando admití mi impotencia, un rayito de luz empezó a llegar a mi alma, y luego emergió mi disposición a dejar que Dios controlase mi vida. Con Él como guía, grandes acontecimientos empezaron a suceder y encontré el comienzo de la sobriedad.

LA ÚLTIMA PROMESA

De pronto comprendemos que Dios está haciendo por nosotros lo que nosotros mismos no podíamos hacer.

ALCOHÓLICOS ANÓNIMOS, p. 84

La última Promesa del Libro Grande se hizo realidad para mí el primer día de mi sobriedad. Dios me mantuvo sobrio ese día, y todos los demás días en que le permití a Él obrar en mi vida. Él me da la fortaleza, el valor y la orientación para cumplir con mis responsabilidades en la vida y para que pueda llegar a otros y ayudarles a mantenerse sobrios y a desarrollarse. Él se manifiesta en mí, haciéndome un conducto de Su palabra, de su pensamiento y de sus actos. Él trabaja con mi ser interior, mientras yo produzco en el mundo exterior, porque Él no hará por mí lo que yo puedo hacer por mí mismo. Tengo que estar dispuesto a hacer Su trabajo para que Él pueda funcionar con éxito a través mío.

UN "FILÓN INAGOTABLE"

Como el demacrado explorador, después de apretar-se el cinturón a la barriga vacía, hemos encontrado oro. La alegría que sentimos por la liberación de toda una vida de frustraciones, no tuvo límites. Papá piensa que ha encontrado algo mejor que el oro. Durante algún tiempo puede ser que trate de abrazarse solo al nuevo tesoro. Puede ser que, de momento, no haya visto que apenas ha arañado un filón inagotable, que le dará dividendos solamente si lo trabaja el resto de su vida e insiste en regalar todo el producto.

ALCOHÓLICOS ANÓNIMOS, p. 128-129

Cuando yo hablo con un recién llegado a A.A., mi pasado me mira directamente a la cara. Veo el dolor que hay en esos ojos esperanzados, extiendo mi mano y entonces se produce el milagro: Yo me alivio. Y cuando llego a tocar esa alma temblorosa, mis problemas se desvanecen.

"YO ERA UNA EXCEPCIÓN"

El (Bill W.) me dijo, gentil y simplemente, "¿Crees tú que eres uno de los nuestros?"

ALCOHÓLICOS ANÓNIMOS, p. 413
(Tercera edición, inglés)

Durante mi vida de bebedor estaba convencido de que yo era una excepción. Creía que yo estaba más allá de los pequeños requisitos y tenía el derecho a estar dispensado. Nunca me di cuenta de que el oscuro contrapeso de mi actitud era la constante sensación de que yo no "pertenecía". En un principio, en A.A. me identificaba con otros solamente como alcohólico. ¡Qué maravilloso despertar ha sido para mí darme cuenta de que si los seres humanos estaban haciendo lo mejor que podían, también yo lo estaba! Todos los dolores, confusiones y alegrías que ellos sentían no son excepcionales, sino parte de mi vida, como lo son de la vida de cualquiera.

VIGILANCIA

Hemos visto esta verdad demostrada una y otra vez, "Una vez alcohólico, alcohólico para siempre". Si comenzamos a beber después de un período de sobriedad, al poco tiempo estamos tan mal como siempre. Si estamos haciendo planes para dejar de beber, no debe haber reserva de ninguna clase, ni ninguna idea oculta de que algún día seremos inmunes al alcohol.

ALCOHÓLICOS ANÓNIMOS, p. 33

Hoy soy alcohólico. Mañana no seré diferente. Mi alcoholismo vive dentro de mí ahora y por siempre. Nunca debo olvidar lo que soy. Con toda seguridad, el alcohol me matará si no reconozco y no tengo presente diariamente mi enfermedad. No estoy jugando un juego en el cual una pérdida es sólo un contratiempo. Estoy tratando con mi enfermedad para la cual no hay curación, solamente la aceptación y la vigilancia diarias.

LO PRIMERO ES LO PRIMERO

Algunos de nosotros hemos recibido golpes muy fuertes para aprender esta verdad: Con empleo o sin empleo, con esposa o sin esposa, sencillamente no dejamos de beber mientras antepongamos la dependencia de otras personas a la dependencia de Dios.

ALCOHÓLICOS ANÓNIMOS, p. 98

Antes de llegar a A.A., siempre tenía pretextos para echarme un trago: "Ella dijo…", "Él dijo…", "Me despidieron ayer…", "Hoy conseguí un muy buen trabajo". Ninguna área de mi vida estaría bien si volviera a beber. Mi vida en sobriedad mejora cada día. Tengo que recordar siempre, no beber, confiar en Dios y mantenerme activo en A.A. ¿Estoy poniendo hoy algo antes de mi sobriedad, antes de Dios o antes de A.A.?

NUESTROS HIJOS

El alcohólico puede encontrar que le es difícil reanudar relaciones amigables con sus hijos… Con el tiempo se darán cuenta de que él es un hombre nuevo, y, a su modo, se lo harán notar… De este punto en adelante el progreso será rápido. Frecuentemente se producen resultados maravillosos después de una reconciliación como ésta.

ALCOHÓLICOS ANÓNIMOS, p. 134

Mientras estaba en el camino de la recuperación recibí un regalo que nunca habría podido comprar. Fue una tarjeta de mi hijo en la universidad que decía, "Papá, no puedes imaginarte lo contento que estoy sabiendo que todo está bien. Feliz cumpleaños, te quiero mucho". Mi hijo me había dicho antes que me amaba. Durante la Navidad anterior, me dijo llorando, "¡Papá, yo te amo! ¿No puedes ver lo que te estás haciendo a ti mismo?". Yo no podía verlo. Ahogado por la emoción, yo lloré, pero esta vez, cuando recibí la tarjeta de mi hijo, mis lágrimas fueron de alegría, no de desesperación.

SIN RESERVAS

Rebosante de gratitud, el corazón tiene que latir con un amor…

COMO LO VE BILL, p. 37

Si mientras practico el servicio a otros, mis éxitos ocasionan la grandiosidad, yo tengo que reflexionar sobre lo que me condujo hasta este punto. Lo que se me ha dado alegremente y con amor, debe seguirse pasando sin reservas y sin expectaciones. Porque a medida que crezco, veo que, por mucho que sea lo que dé con amor, yo recibo mucho más en espíritu.

AMOR SIN CONDICIONES

La experiencia práctica demuestra que no hay nada que asegure tanto la inmunidad a la bebida como el trabajo intensivo con otros alcohólicos.

ALCOHÓLICOS ANÓNIMOS, p. 89

El apadrinamiento me tenía reservadas dos sorpresas. Primero, que mis ahijados se preocuparan por mí. Lo que yo había creído que era gratitud era más bien amor. Querían que yo fuera feliz, que me desarrollara y permaneciera sobrio. El hecho de saber cómo se sentían más de una vez evitó que yo bebiera. Segundo, descubrí que yo podía amar a alguien responsablemente, con un respetuoso y auténtico interés por el desarrollo de esa persona. Antes de eso creía que mi capacidad para interesarme sinceramente por el bienestar de otra persona se había atrofiado por la falta de uso. Saber que yo puedo amar, sin avaricia ni inquietud, ha sido uno de los más preciados regalos que me ha dado el programa. La gratitud por este regalo me ha mantenido sobrio muchas veces.

EXACTAMENTE IGUALES

*El contacto frecuente con recién llegados y entre unos
y otros es el punto luminoso de nuestras vidas.*

ALCOHÓLICOS ANÓNIMOS, p. 89

Un hombre llegó borracho a una reunión, interrumpió a los participantes, se puso de pie y se
quitó la camisa; tambaleante y bullicioso iba y
venía por café, exigió que le dejaran hablar y finalmente insultó al secretario del grupo y se fue. A mí
me agradó que estuviera allí — vi una vez más lo
que había sido yo. Y vi también lo que todavía soy
y lo que podría ser. No tengo que estar borracho
para querer ser la excepción y el centro de atención. Frecuentemente me he sentido abusado y he
respondido abusivamente cuando sencillamente se
me estaba tratando como un ser humano común y
corriente. Cuanto más insistía aquel hombre que
era diferente, más me daba cuenta de que él y yo
éramos exactamente iguales.

EL CÍRCULO Y EL TRIÁNGULO

*El círculo representa la totalidad de A.A. y el trián-
gulo, los Tres Legados de A.A., la Recuperación, la
Unidad y el Servicio. Dentro de nuestro maravilloso mundo nuevo, nos hemos encontrado liberados de
nuestra obsesión funesta.*

A.A. LLEGA A SU MAYORÍA DE EDAD, p. 139

Al comienzo de mi vida en A.A. empecé a participar en los servicios y encontré que la explicación
del logotipo de nuestra sociedad es muy apropiada.
Primero un círculo de amor y servicio con un triángulo bien equilibrado en su interior, la base del
cual representa nuestra Recuperación por los Doce
Pasos. Los otros dos lados representan la Unidad
y el Servicio, respectivamente. Los tres lados del
triángulo son iguales. Según me desarrollaba en
A.A., muy pronto me identifiqué con este símbolo.
Yo soy el círculo, y los lados del triángulo representan tres aspectos de mi personalidad: físico, cordura
emocional y espiritualidad, esta última la base del
símbolo. Juntos, los tres aspectos de mi personalidad se traducen en una vida sobria y feliz.

PARA NO DORMIRME EN LOS LAURELES

Es fácil descuidarnos en el programa espiritual de acción y dormirnos en nuestros laureles. Si lo hacemos, estamos buscando dificultades porque el alcohol es un enemigo sutil.

ALCOHÓLICOS ANÓNIMOS, p. 85

Cuando sufro me es fácil mantenerme cerca de los amigos que he encontrado en el programa. Las soluciones contenidas en los Doce Pasos de A.A. me alivian de ese dolor. Pero cuando me siento bien y las cosas me van bien, puede que me duerma en mis laureles. Para decirlo sencillamente, me vuelvo perezoso y me convierto en el problema en lugar de en la solución. Tengo que ponerme en acción, hacer mi inventario: ¿dónde estoy y a dónde voy? Un inventario diario me enseñará lo que tengo que cambiar para recuperar mi equilibrio espiritual. Admitir lo que encuentro dentro de mí, ante Dios y ante otro ser humano, me mantiene honesto y humilde.

"LA PRUEBA DEL ÁCIDO"

Según vamos trabajando los primeros nueve Pasos, nos estamos preparando para la aventura de una nueva vida. Pero al acercarnos al Décimo Paso, empezamos a hacer un uso práctico de nuestra manera de vivir de A.A., día tras día, en cualquier circunstancia. Entonces, nos vemos enfrentados con la prueba decisiva: ¿podemos mantenernos sobrios, mantener nuestro equilibrio emocional, y vivir una vida útil y fructífera, sean cuales sean nuestras circunstancias?

DOCE PASOS Y DOCE TRADICIONES, p. 86

Yo sé que las Promesas se están cumpliendo en mi vida, pero quiero mantenerlas y desarrollarlas con la aplicación diaria del Paso Diez. Por medio de este Paso he llegado a darme cuenta de que si estoy alterado es porque hay algo que no está bien. La otra persona puede también estar equivocada, pero yo puedo contender solamente con mis sentimientos. Cuando me siento herido o disgustado, tengo que buscar continuamente la causa dentro de mí, y entonces tengo que admitir y corregir mis errores. No es fácil, pero mientras sepa que estoy progresando espiritualmente, yo sé que puedo considerar mi esfuerzo como un trabajo bien hecho. He descubierto que el dolor es un amigo; me hace saber que hay algo en mis emociones que no está bien. Cuando actúo de la forma apropiada por medio de los Doce Pasos, el dolor desaparece poco a poco.

SERENIDAD DESPUÉS DE LA TORMENTA

Alguien que sabía de lo que hablaba comentó una vez que el dolor era la piedra de toque de todo progreso espiritual. Los A.A. estamos completamente de acuerdo con él...

DOCE PASOS Y DOCE TRADICIONES, p. 92

Cuando me encuentro en la montaña rusa de la confusión emocional, recuerdo que el crecimiento es frecuentemente doloroso. Mi evolución en el programa de A.A. me ha enseñado que debo experimentar el cambio que, por doloroso que sea, acabará guiándome del egoísmo a la abnegación. Si he de tener serenidad, tengo que PASAR por la confusión emocional y sus consiguientes resacas, y estar agradecido por el continuo progreso espiritual.

UNA PODA NECESARIA

…sabemos que tuvimos que pasar por los dolores que nos traía la bebida antes de lograr la sobriedad, y tuvimos que sufrir los trastornos emocionales antes de conocer la serenidad.

DOCE PASOS Y DOCE TRADICIONES, p. 92

Me gusta mucho pasar el tiempo en mi jardín abonando y podando mis lindas flores. Un día cuando estaba ocupada dando tijeretazos, una vecina se detuvo. Ella comentó, "¡Oh! sus plantas son tan bellas, me parece una lástima tener que cortarlas". Yo le contesté, "Yo sé cómo te sientes, pero hay que quitar el exceso para que crezcan más fuertes y sanas". Más tarde pensé que quizá mis plantas sentían dolor, pero Dios y yo sabemos que es parte del plan y yo he visto los resultados. Pronto recordé mi precioso programa de A.A. y cómo crecemos todos por medio del dolor. Pido a Dios que me pode cuando es tiempo, para que así pueda crecer.

EQUIPAJE DEL AYER

Los sabios siempre han reconocido que nadie puede aspirar a hacer nada en la vida, hasta que el auto-examen no se convierta en costumbre, hasta que no reconozca y acepte lo que allí encuentra, y hasta que no se ponga, paciente y persistentemente, a corregir sus defectos.

DOCE PASOS Y DOCE TRADICIONES, p. 86

Yo tengo más que suficiente para manejar hoy, sin tener que arrastrar también el equipaje del ayer. Tengo que hacer el balance hoy si deseo tener una oportunidad mañana. Así es que me pregunto a mí mismo si he errado y cómo puedo evitar repetir ese comportamiento. ¿Ofendí a alguien, ayudé a alguien, y por qué? Una parte del hoy puede derramarse sobre el mañana, pero la mayor parte no tiene que hacerlo si yo hago un honesto inventario diario.

ENFRENTARNOS A NOSOTROS MISMOS

... el Temor le dice, "No te atrevas a hacerlo".
DOCE PASOS Y DOCE TRADICIONES, p. 46

¡Cuán frecuentemente en mis días de bebedor yo evitaba una tarea sólo porque me parecía muy grande! ¿Es de extrañar entonces que, aun estando sobrio por algún tiempo, actúe de la misma manera cuando me enfrento a lo que parece ser un trabajo monumental, tal como hacer sin miedo un minucioso inventario moral de mí mismo? Lo que descubro, después de llegar al otro lado —cuando ya he completado mi inventario— es que la ilusión era más grande que la realidad. El temor de enfrentarme a mí mismo me paralizaba y, hasta que no estuviera dispuesto a poner el lápiz sobre el papel, yo estaba bloqueando mi crecimiento a causa de algo intangible.

CONTROL DIARIO

Continuamos haciendo nuestro inventario personal y cuando nos equivocábamos lo admitíamos inmediatamente…

DOCE PASOS Y DOCE TRADICIONES, p. 86

El axioma espiritual mencionado en el Décimo Paso —"cada vez que estamos perturbados, no importa cuál sea la causa, hay algo mal en nosotros"— me dice también que no hay excepciones. Por muy irrazonables que otros me parezcan, yo soy responsable de no reaccionar negativamente. Ocurra lo que ocurra a mi alrededor, yo siempre tengo la prerrogativa y la responsabilidad de decidir lo que ocurre dentro de mí. Yo soy el creador de mi propia realidad.

Cuando hago mi inventario diario, sé que debo dejar de juzgar a otros. Si juzgo a otros, probablemente estoy juzgándome a mí mismo. Quien más me fastidia, es mi mejor maestro. Tengo mucho que aprender de él o de ella y, en mi corazón, yo debo agradecérselo.

INVENTARIO DIARIO

…y cuando nos equivocábamos lo admitíamos inmediatamente.

ALCOHÓLICOS ANÓNIMOS, p. 59

Yo estaba empezando a abordar mi nueva vida de sobriedad con un entusiasmo desacostumbrado. Estaba cultivando nuevos amigos y algunas de mis amistades dañadas se habían comenzado a arreglar. La vida era emocionante e incluso había empezado a disfrutar mi trabajo, y llegué a ser tan atrevido como para hacer un informe sobre la falta de cuidado apropiado con algunos de nuestros clientes. Un día, un compañero de trabajo me informó que mi jefe estaba verdaderamente disgustado debido a que una queja, sometida pasándole a él por alto, le había causado mucha molestia con sus superiores. Yo sabía que mi informe había creado el problema y empecé a sentirme responsable del problema de mi jefe. Al discutir el asunto, mi compañero trató de convencerme de que no era necesario disculparme, pero pronto empecé a convencerme de que tenía que hacer algo, fueran cuales fueran los resultados. Cuando me dirigí a mi jefe admitiendo mi parte en sus dificultades, él se sorprendió. Pero cosas inesperadas salieron a nuestro encuentro, y mi jefe y yo pudimos acordar una cooperación más directa y eficaz en el futuro.

UN AXIOMA ESPIRITUAL

Considerado desde un punto de vista espiritual, es axiomático que cada vez que nos sentimos trastornados, sea cual sea la causa, hay algo que anda mal en nosotros.

DOCE PASOS Y DOCE TRADICIONES, p. 88

Yo nunca entendí verdaderamente el axioma espiritual del Décimo Paso hasta que tuve la siguiente experiencia. Estaba yo sentado leyendo en mi cuarto, a altas horas de la noche, cuando de pronto oí ladrar a mis perros en el patio de atrás. Mis vecinos se disgustan con esta clase de perturbación, así es que, entre enojado y avergonzado, temiendo la desaprobación de mis vecinos, inmediatamente hice entrar a mis perros. Algunas semanas más tarde se repitió exactamente la misma situación, pero esta vez, debido a que estaba más en paz conmigo mismo, pude aceptar la situación —los perros tienen que ladrar— y calmadamente los hice entrar. Ambos incidentes me enseñaron que cuando una persona experimenta eventos casi idénticos y reacciona de dos maneras diferentes, no es el evento el que tiene la importancia principal, sino la condición espiritual de la persona. Los sentimientos vienen de adentro y no de circunstancias exteriores. Cuando mi condición espiritual es positiva, yo reacciono positivamente.

COMPONERME A MÍ, NO A TI

Si alguien nos ofende y nos enfadamos, también noso-tros andamos mal.

DOCE PASOS Y DOCE TRADICIONES, p. 88

¡Qué liberación sentí yo cuando se me llamó la aten-ción sobre esta cita! De pronto vi que yo podía hacer algo por mi ira, podía componerme a mí mismo, en lugar de tratar de componerlos a ellos. Creo que no hay excepciones a este axioma. Cuando estoy enojado, mi ira está siempre centrada en mí mismo. Tengo que seguir recordándome a mí mismo que soy humano, que estoy haciendo lo mejor que puedo, aun cuando lo mejor sea algunas veces muy poco. Así es que le pido a Dios que haga desapare-cer mi ira y verdaderamente me ponga en libertad.

AUTODISCIPLINA

Nuestro primer objetivo será adquirir un dominio de nosotros mismos.

DOCE PASOS Y DOCE TRADICIONES, p. 89

Conducir mi coche a mi trabajo me da la oportunidad de autoexaminarme... Un día, mientras hacía este viaje, empecé a revisar mi progreso en sobriedad, y no me gustó mucho lo que vi. Esperaba que a medida que el día progresaba, yo olvidaría esos pensamientos molestos, pero según se sucedían los desengaños, mi descontento solamente crecía y las presiones internas seguían aumentando.

Me retiré a una mesa aislada en el salón de recreo y me pregunté a mí mismo cómo podía sacar el mejor provecho del resto del día. Cuando las cosas iban mal en el pasado, instintivamente yo quería combatirlas. Pero durante el corto tiempo que había estado tratando de vivir el programa de A.A., aprendí a retroceder un paso y mirarme a mí mismo. Reconocí que, aunque yo no era la persona que quería ser ya no reaccionaba como hacía antes. Aquellos viejos moldes de comportamiento solamente trajeron dolor y tristeza para mí y para otros. Regresé a mi puesto de trabajo, resuelto a hacer de este día un día productivo, agradeciéndole a Dios la oportunidad de hacer progresos ese día.

REFRENAR LA PRECIPITACIÓN

Cuando hablamos o actuamos de forma apresurada o precipitada, vemos desvanecer en el momento nuestra capacidad de ser justos o tolerantes.

DOCE PASOS Y DOCE TRADICIONES, p. 89

Ser imparcial y tolerante es una meta hacia la que tengo que trabajar diariamente. Le pido a Dios, como yo lo concibo a Él, que me ayude a ser cariñoso y tolerante con mis seres queridos y con aquellos con quienes estoy en estrecho contacto. Pido orientación para refrenar mi lenguaje cuando estoy agitado, y hago una pausa para reflexionar sobre los trastornos emocionales que mis palabras puedan causar, no solamente a otros sino también a mí. La oración, la meditación y los inventarios son la clave del pensamiento sano y de la acción positiva para mí.

INVENTARIOS ASIDUOS

Continuamos vigilando el egoísmo, la deshonestidad, el resentimiento y el miedo. Cuando éstos surgen, enseguida le pedimos a Dios que nos libre de ellos. Los discutimos inmediatamente con alguien y hacemos prontamente las debidas reparaciones a quien hayamos ofendido. Entonces resueltamente encaminamos nuestros pensamientos hacia alguien a quien podamos ayudar.

ALCOHÓLICOS ANÓNIMOS, p. 84

La admisión inmediata de pensamientos o acciones equivocadas es una tarea muy difícil para la mayoría de los seres humanos, pero para alcohólicos en recuperación como yo, es difícil por mi propensión al egoísmo, al temor y al orgullo. La libertad que el programa de A.A. me ofrece es más amplia cuando, por medio de inventarios asiduos de mí mismo, admito, reconozco y acepto la responsabilidad por mis errores. Entonces me es posible lograr una comprensión más profunda y más amplia de lo que es la humildad. Estar dispuesto a admitir que la culpa es mía facilita el progreso de mi desarrollo y me ayuda a ser más comprensivo y útil a los demás.

UN PROGRAMA PARA VIVIR

Por la noche, cuando nos acostamos, revisamos constructivamente nuestro día... Al despertar, pensemos en las veinticuatro horas que tenemos por delante... Antes de empezar, le pedimos a Dios que dirija nuestro pensamiento, pidiendo especialmente que esté libre de autoconmiseración y de motivos falsos y egoístas.

ALCOHÓLICOS ANÓNIMOS, p. 86

A mí me faltaba serenidad. Tenía una gran cantidad de trabajo por hacer y, aunque me esforzara mucho, cada vez estaba más atrasado. Las preocupaciones por las cosas que no había hecho ayer y el temor de los plazos límites de mañana me quitaban la calma que yo necesitaba para ser eficaz cada día. Antes de dar los Pasos Diez y Once, empecé a leer párrafos como el citado arriba. Trataba de enfocarme en la voluntad de Dios, no en mis problemas, y de confiar en que Él manejaría mi día. ¡Dio resultados! Lentamente, pero dio resultados.

MI INVENTARIO, NO EL TUYO

El chismorreo, emponzoñado con nuestra ira, una especie de asesinato cortés por calumnia, también tiene sus satisfacciones para nosotros. En este caso, no intentamos ayudar a los que criticamos; pretendemos proclamar nuestra propia rectitud.

DOCE PASOS Y DOCE TRADICIONES, p. 74

Algunas veces no me doy cuenta de que he chismorreado de alguien hasta que llega el fin del día y hago un inventario de mis actividades, y entonces, mis chismorreos aparecen como una mancha en mi lindo día. ¿Cómo podría haber dicho tal cosa? El chismorreo presenta su fea cara durante un descanso para café o una comida con mis asociados de negocios, o puedo chismorrear por la noche cuando me encuentro cansado y me siento justificado para reforzar mi ego a expensas de alguien.

Defectos de carácter como el chismorreo se insinúan en mi vida cuando no estoy haciendo un esfuerzo constante para trabajar los Doce Pasos. Tengo que recordarme que mi singularidad es la bendición de mi ser, y esto se aplica igualmente a todos aquellos que se cruzan en mi camino. Hoy, el único inventario que tengo que hacer es el mío. Dejaré el juzgar a otros en manos del Juez Final —la Divina Providencia.

DÍA TRAS DÍA

Este no es asunto para resolver de la noche la mañana. Es una tarea para toda nuestra vida.

ALCOHÓLICOS ANÓNIMOS, p. 84

Durante mis primeros años en A.A., consideraba el Paso Diez como una sugerencia de que periódicamente examinara mi comportamiento y mis reacciones. Si había algo malo debía admitirlo; si una disculpa era necesaria, yo tenía que pedirla. Después de unos años de sobriedad creía que tenía que hacerme más frecuentemente un autoexamen. Hasta que no pasaron unos años más de sobriedad, no me di cuenta del significado completo del Paso Diez, y de la palabra "continuamos". "Continuamos" no quiere decir ocasionalmente o frecuentemente. Significa *día tras día*.

UN REAJUSTE DIARIO

Cada día es un día en el que tenemos que llevar la visión de la voluntad de Dios a todos nuestros actos.

ALCOHÓLICOS ANÓNIMOS, p. 85

¿Cómo mantengo mi condición espiritual? Para mí es muy sencillo: cada día le pido a mi Poder Superior que me conceda el don de la sobriedad por ese día. Yo he hablado con muchos alcohólicos que han vuelto a beber y siempre les pregunto: "¿Oraste pidiendo la sobriedad el día en que tomaste tu primer trago?" Ninguno de ellos dijo que sí. Según practico el Paso Diez y trato de mantener mi casa en orden diariamente, tengo la seguridad de que si pido el indulto diario, se me concederá.

UNA MENTE RECEPTIVA

La verdadera humildad y amplitud de mente pueden llevarnos a la fe…

DOCE PASOS Y DOCE TRADICIONES, p. 31

Mi manera alcohólica de pensar me llevó a creer que yo podía controlar mi forma de beber, pero no pude. Cuando llegué a A.A., me di cuenta de que Dios me estaba hablando por medio de mi grupo. Mi mente estaba abierta solamente lo suficiente para darme cuenta de que yo necesitaba Su ayuda. Tardé más tiempo en llegar a lograr una real y honesta aceptación de A.A., pero con ella llegó la humildad. Yo sé cuán loco estaba y hoy estoy muy agradecido por tener restaurado mi sano juicio y por ser un alcohólico sobrio. Este nuevo y sobrio yo es una persona mucho mejor de lo que hubiera podido ser sin A.A.

FUNDAMENTO PRINCIPAL DE A.A.

El principio de que no encontraremos una fortaleza duradera hasta que no hayamos admitido la derrota total es la raíz principal de la que ha brotado y florecido nuestra Sociedad.

DOCE PASOS Y DOCE TRADICIONES, p. 20

Derrotado, y sabiéndolo, llegué a las puertas de A.A. solo y temeroso de lo desconocido. Un poder ajeno me había levantado de la cama, me había llevado a la guía de teléfonos, y luego a la parada del bus y por las puertas de Alcohólicos Anónimos. Una vez dentro de A.A. experimenté una sensación de ser amado y aceptado, algo que no había sentido desde mi niñez. Que nunca pierda la sensación de maravilla que experimenté esa primera noche con A.A., el más grande evento de toda mi vida.

CONSUELO PARA LA CONFUSIÓN

Huelga decir que el dilema del que se desvía de la fe es el de una profunda confusión. Cree que ha perdido la posibilidad de tener el consuelo que ofrece cualquier convicción. No puede alcanzar ni el más mínimo grado de esa seguridad que tiene el creyente, el agnóstico o el ateo. Es el vivo retrato de la confusión.

DOCE PASOS Y DOCE TRADICIONES, p. 26

Durante mis primeros años de sobriedad, yo me resistía al concepto de Dios. Las imágenes que me venían, evocaciones de mi pasado, estaban cargadas de temor, rechazo y condena. Entonces oí describir a mi amigo Ed la imagen que tenía de un Poder Superior: Cuando era niño se le había permitido tener una camada de perritos siempre que asumiera la responsabilidad de cuidar de ellos. Todas las mañanas encontraba las inevitables deposiciones de sus perritos en el piso de la cocina. A pesar de sus frustraciones, Ed decía que no podía enojarse porque esto es "natural" en los cachorritos. Ed decía que Dios ve nuestros defectos y faltas con una comprensión y cariño similares. A menudo he encontrado solaz para mi confusión personal en el concepto tranquilizador que Ed tenía de Dios.

NADA CRECE EN LA OSCURIDAD

Querremos que crezca y florezca lo bueno que hay en todos nosotros, incluso en los peores de nosotros.

COMO LO VE BILL, p. 10

Con la autodisciplina y la conciencia adquiridas con la práctica del Paso Diez, empecé a conocer las recompensas de la sobriedad — no como una mera abstinencia del alcohol, sino como una recuperación en todos los aspectos de mi vida.

Yo renuevo la esperanza, regenero la fe y recobro la dignidad y el respeto de mí mismo. Descubro la palabra "y" en la frase "y cuando nos equivocábamos lo admitíamos inmediatamente".

Con la seguridad tranquilizadora de que ya no estoy siempre equivocado, puedo aceptarme como soy, con un nuevo entendimiento de los milagros de la sobriedad y la serenidad.

VERDADERA TOLERANCIA

Finalmente, empezamos a darnos cuenta de que todos los seres humanos, al igual que nosotros, están hasta algún grado enfermos emocionalmente, así como frecuentemente equivocados y, al reconocer esto, nos aproximamos a la auténtica tolerancia y vemos el verdadero significado del amor genuino para con nuestros semejantes.

DOCE PASOS Y DOCE TRADICIONES, p. 90

Se me ocurrió la idea de que, en cierto grado, toda la gente está emocionalmente enferma. ¿Cómo no lo habíamos de estar? ¿Quién entre nosotros es perfecto espiritualmente? ¿Quién entre nosotros es físicamente perfecto? ¿Cómo podría cualquiera de nosotros ser emocionalmente perfecto? Por lo tanto, ¿qué otra cosa podríamos hacer sino soportarnos los unos a los otros y tratarnos como nos gustaría ser tratados en circunstancias similares. Eso es realmente el amor.

LO QUE SABEMOS MEJOR

"¡Zapatero a tus zapatos!"… más vale que hagas una cosa perfectamente bien que muchas mal hechas. Este es el tema central de esta tradición, el punto alrededor del cual toda nuestra Sociedad se congrega en unidad. La vida misma de nuestra Comunidad depende de la conservación de este principio.

DOCE PASOS Y DOCE TRADICIONES, p. 146

La supervivencia de A.A. depende de la unidad. ¿Qué pasaría si un grupo decidiera convertirse en una agencia de empleos, un centro de tratamiento o una agencia de servicio social? Demasiada especialización conduce a ninguna especialización, a desperdicio de esfuerzos y, finalmente, a la decadencia. Yo tengo la capacidad de compartir mis sufrimientos y mi forma de recuperación con el recién llegado. La conformidad al propósito primordial de A.A. asegura la protección del maravilloso regalo de la sobriedad, así es que mi responsabilidad es enorme. La vida de millones de alcohólicos está íntimamente ligada a mi competencia para "llevar el mensaje al alcohólico que aún sufre".

"POR FE Y POR OBRAS"

En el yunque de la experiencia, se martilló la estructura de nuestra Sociedad… Así ha sido con A.A. Mediante la fe y las obras hemos podido seguir adelante aprovechando las lecciones de una increíble experiencia. Estas lecciones están vivas hoy en las Doce Tradiciones de Alcohólicos Anónimos, las cuales —Dios mediante— nos sostendrán y mantendrán unidos mientras Él nos necesite.

DOCE PASOS Y DOCE TRADICIONES, p. 127

Dios me ha concedido el derecho de equivocarme a fin de que nuestra Comunidad exista como existe hoy. Si yo pongo la voluntad de Dios primero en mi vida, es casi seguro que A.A., como yo lo conozco, permanezca como está hoy.

EL LATIDO DEL CORAZÓN DE A.A.

Sin la unidad cesaría de latir el corazón de A.A....
DOCE PASOS Y DOCE TRADICIONES, p. 125

Sin la unidad yo no podría recuperarme en A.A. un día a la vez. Practicar la unidad dentro de mi grupo con otros miembros de A.A. y en todos los niveles de esta gran Comunidad, me da una clara sensación de saber que soy parte de un milagro que fue divinamente inspirado. La habilidad de Bill W. y el Dr. Bob para trabajar juntos y pasar el mensaje a otros miembros, me dice que darlo a otros es mantenerlo yo. La unidad es unicidad y aun así, la Comunidad entera es para todos nosotros.

UNA AUTORIDAD FUNDAMENTAL

Para el propósito de nuestro grupo sólo existe una autoridad fundamental: Un Dios amoroso tal como se exprese en la conciencia de nuestro grupo.

DOCE PASOS Y DOCE TRADICIONES, p. 128

Cuando se me elige para asumir alguna pequeña responsabilidad para mis compañeros, le pido a Dios que me conceda la paciencia, la amplitud de mente y la disposición para escuchar a aquellos que voy a guiar. Tengo que recordarme que soy servidor de confianza para otros, no su "gobernador", "maestro" o "instructor". Dios guía mis palabras y mis acciones, y mi responsabilidad es hacer caso a sus sugerencias. Confianza es mi consigna, yo confío en otros que guían. En la Comunidad de A.A., yo confío a Dios la autoridad fundamental para "dirigir el espectáculo".

COMPARTIMIENTO MUNDIAL

Lo único que importa es que sea un alcohólico que haya encontrado la clave de la sobriedad. Esas herencias de sufrimiento y recuperación pasan fácilmente de un alcohólico a otro. Son nuestro don de Dios, y el conferirlo a otros semejantes a nosotros es el único objetivo que hoy en día nos anima a los miembros de A.A. en todo el mundo.

DOCE PASOS Y DOCE TRADICIONES, p. 159-160

La fortaleza de Alcohólicos Anónimos radica en el deseo, de cada miembro y de cada grupo alrededor del mundo, de compartir con otros alcohólicos sus sufrimientos y los pasos dados para ganar y mantener la recuperación. Manteniendo un contacto consciente con mi Poder Superior, me aseguro siempre de alimentar mi deseo de ayudar a otros alcohólicos, reforzando así la continuidad de esta maravillosa hermandad de Alcohólicos Anónimos.

UNA TRADICIÓN ININTERRUMPIDA

Creemos que la supervivencia y el crecimiento de Alcohólicos Anónimos tienen mucho más importancia que la influencia que colectivamente pudiéramos tener a favor de cualquier otra causa.

DOCE PASOS Y DOCE TRADICIONES, p. 172

Cuánto significa para mí que una tradición ininterrumpida por más de medio siglo es un hilo que me conecta a Bill W. y al Dr. Bob. Cuánto más arraigado me siento por ser miembro de una Comunidad cuyos propósitos son tan constantes. Estoy agradecido de que las energías de A.A. nunca hayan sido disipadas, sino siempre enfocadas en nuestros miembros y en una sobriedad individual. Mis creencias son las que me hacen humano; soy libre de tener cualquier opinión, pero el propósito de A.A. —tan claramente establecido hace cincuenta años— es que yo me mantenga sobrio. Este propósito ha fomentado horarios de reuniones a toda hora, y los miles de intergrupos y oficinas centrales, con sus miles de voluntarios. Como el sol enfocado a través de una lente de aumento, la única visión de A.A. ha encendido en millones de corazones, incluyendo el mío, un fuego de fe en la sobriedad.

NUESTRA SUPERVIVENCIA

Ya que la recuperación del alcoholismo significa para nosotros la vida misma, es imperativo que conservemos en su plena potencia nuestro medio de sobrevivir.

DOCE PASOS Y DOCE TRADICIONES, p. 172

La honestidad expresada por los miembros de A.A. en las reuniones tiene el poder de abrir mi mente. Nada puede bloquear el flujo de energía que la *honestidad* lleva con ella. El único obstáculo para este flujo de energía es la embriaguez, pero aun así, nadie encontrará una puerta cerrada si él o ella se ha ido y desea regresar. Una vez que él o ella ha recibido el don de la sobriedad, cada miembro tiene el desafío diario de aceptar un programa de *honestidad*.

Mi Poder Superior me creó con un propósito en la vida. Le pido a Él que acepte mis honestos esfuerzos para continuar mi viaje en la manera espiritual de vivir. Le pido fortaleza a Él para saber y buscar Su voluntad.

VIVE Y DEJA VIVIR

Nunca desde sus comienzos se ha visto Alcohólicos Anónimos dividida por una gran controversia. Ni tampoco nuestra Comunidad jamás ha tomado partido públicamente en ninguna polémica de este mundo turbulento. Sin embargo, esto no ha sido una virtud adquirida. Casi se podría decir que nacimos con ella... "Mientras no discutamos sobre estos asuntos en privado, podemos contar con que no lo haremos en público".

DOCE PASOS Y DOCE TRADICIONES, p. 171

¿Recuerdo yo que tengo el derecho a mi opinión pero que otros no tienen que estar de acuerdo? Este es el espíritu de "Vive y Deja Vivir". La Oración de la Serenidad me recuerda, con la ayuda de Dios, "aceptar las cosas que no puedo cambiar". ¿Estoy todavía tratando de cambiar a otros? Cuando se trata de "valor para cambiar las cosas que puedo", ¿recuerdo que mis opiniones son mías y que las tuyas son tuyas? ¿Estoy todavía temeroso de ser quien soy? Cuando se trata de "sabiduría para conocer la diferencia" ¿recuerdo que mis opiniones vienen de *mi* experiencia? Si tengo la actitud de "un sabelotodo", ¿no estoy siendo deliberadamente polémico?

EVITAR LAS CONTROVERSIAS

*La historia nos presenta el espectáculo de naciones
y grupos enredados en conflictos que acabaron finalmente destrozados por haberse originado en contro-
versias o por haber caído en la tentación de participar
en ellas. Otros se derrumbaron debido a su fanática
rectitud, al intentar imponer en el resto de la humanidad unos ideales de su propia invención.*

DOCE PASOS Y DOCE TRADICIONES, p. 171

Como miembro de A.A. y como padrino, yo sé
el verdadero daño que puedo causar si cedo a la
tentación de dar opiniones y consejos sobre los
problemas médicos, matrimoniales o religiosos de
otras personas. Yo no soy doctor, ni consejero, ni
abogado. No puedo decir a nadie cómo debe vivir;
sin embargo, sí puedo compartir cómo pude superar situaciones similares sin beber, y cómo los Pasos
y las Tradiciones de A.A. me ayudan a manejar mi
vida.

NO PUEDO CAMBIAR EL VIENTO

Es fácil descuidarnos en el programa espiritual de acción y dormirnos en nuestros laureles. Si lo hacemos, estamos buscando dificultades porque el alcohol es un enemigo sutil.

ALCOHÓLICOS ANÓNIMOS, p. 85

Mi primer padrino me dijo que había dos cosas que decir respecto a la oración y a la meditación: primero, tenía que empezar y segundo, tenía que continuar. Cuando llegué a A.A. mi vida espiritual estaba en bancarrota; si yo acaso consideraba a Dios, era solamente cuando mi fuerza de voluntad no bastaba para realizar una tarea o cuando los temores abrumadores erosionaban mi ego.

Hoy estoy agradecido por una nueva vida; una vida en la que mis oraciones son de gratitud. Mi tiempo de oración es más para escuchar que para hablar. Hoy me doy cuenta de que aunque no puedo cambiar el viento, puedo arreglar mis velas para navegar. Ya sé la diferencia entre superstición y espiritualidad. Sé que existe una manera cortés de estar acertado y muchas maneras de estar equivocado.

MANTENER A FLOTE EL OPTIMISMO

Los demás Pasos nos hacen posible a la mayoría de nosotros mantenernos sobrios y funcionar. Pero el Undécimo Paso nos permite seguir desarrollándonos…

EL LENGUAJE DEL CORAZÓN, p. 240

A un alcohólico sobrio le resulta mucho más fácil ser optimista en la vida. El optimismo es el resultado natural de encontrarme gradualmente posibilitado de sacar el mejor provecho de cada situación. A medida que mi sobriedad física continúa, yo salgo de la niebla, adquiero una más clara perspectiva y puedo determinar mejor qué curso de acción he de seguir. Por vital que sea la sobriedad física, yo puedo lograr un potencial mayor desarrollando una siempre creciente disposición para valerme de la orientación y dirección de un Poder Superior. Mi capacidad para hacer esto viene de aprender —y de practicar— los principios del programa de A.A. La fusión de mi sobriedad física con mi sobriedad espiritual produce la substancia para una vida más positiva.

ENFOCAR Y ESCUCHAR

Existe un encadenamiento directo entre el examen de conciencia, la meditación, y la oración. Cada una de estas prácticas por sí sola puede producir un gran alivio y grandes beneficios.

DOCE PASOS Y DOCE TRADICIONES, p. 96

Si hago primero mi autoexamen, entonces tendré, sin duda, la suficiente humildad para orar y meditar — porque veré y sentiré la necesidad de hacerlo. Algunos prefieren empezar y terminar con la oración, dejando un intervalo para el autoexamen y la meditación, mientras otros empiezan con la meditación, esperando el consejo de Dios respecto a sus aún desconocidos o no reconocidos defectos. Hay todavía otros que hacen su trabajo por escrito y terminan con una oración de alabanza y gratitud. Estas tres cosas —el autoexamen, la meditación y la oración— forman un círculo sin principio ni fin. Dondequiera o comoquiera que empiece, acabo llegando a mi destino: una vida mejor.

UNA DISCIPLINA DIARIA

...pero cuando (el examen de conciencia, la medita-ción y la oración) se entrelazan y se interrelacionan de una manera lógica, el resultado es una base firme para toda la vida.

DOCE PASOS Y DOCE TRADICIONES, p. 96

Los últimos tres Pasos del programa invocan la amante disciplina de Dios sobre mi obstinada natu-raleza. Si todas las noches yo dedico unos momen-tos a revisar los puntos sobresalientes de mi día, reconociendo a la vez aquellos aspectos que no me gustaron tanto, obtengo una historia personal de mí mismo, historia que es esencial para el viaje hacia mi autodescubrimiento. Podía ver mi desarro-llo, o la falta del mismo, y pedir en oración medita-tiva ser aliviado de aquellos defectos continuos que me causan dolor. La meditación y la oración tam-bién me enseñan el arte de centrarme y escuchar. Veo que el alboroto del día se va apagando cuando rezo por Su voluntad y orientación. La práctica de pedirle a Él que me ayude en mis esfuerzos por la perfección, le da una nueva perspectiva al tedio de cada día, porque sé que hay honor en cualquier tra-bajo bien hecho. La disciplina diaria de oración y meditación me mantendrá en buena condición espi-ritual para enfrentarme a lo que venga — sin pensar en un trago.

"LA CALIDAD DE LA FE"

…tiene que ver con la… calidad [de la fe]. Nunca, en ningún sentido profundo y significativo, habíamos examinado nuestra conciencia… Ni siquiera habíamos rezado como se debe rezar. Siempre habíamos dicho, "Concédeme mis deseos", en vez de "Hágase tu voluntad".

DOCE PASOS Y DOCE TRADICIONES, p. 30

Dios no me otorga posesiones materiales, no me quita mis sufrimientos, ni me libra de desastres, pero Él me da una buena vida, habilidad para salir adelante y tranquilidad de espíritu. Mis oraciones son sencillas: primero, expresan mi gratitud por las buenas cosas de mi vida, aunque tenga que hacer un gran esfuerzo para encontrarlas; y segundo, pido solamente la fortaleza y sabiduría para hacer Su voluntad. Él responde con soluciones a mis problemas, reforzando mi capacidad para superar las frustraciones diarias con una serenidad que yo no creía que existía, y con la fortaleza para practicar los principios de A.A. en todos mis asuntos cotidianos.

IR CON LA CORRIENTE

Buscamos a través de la oración y la meditación mejorar nuestro contacto consciente con Dios, como nosotros lo concebimos…

DOCE PASOS Y DOCE TRADICIONES, p. 94

Las primeras palabras que digo al levantarme por la mañana son, "Oh Dios, me levanto para hacer Tu voluntad". Esta es la oración más corta que conozco y está profundamente arraigada en mí. La oración no cambia la actitud de Dios para conmigo; cambia mi actitud para con Dios. A diferencia de la oración, la meditación es un período de quietud sin palabras. Estar centrado es estar físicamente relajado, emocionalmente calmado, mentalmente enfocado y espiritualmente consciente.

Una manera de mantener abierto el canal y mejorar mi contacto consciente con Dios es mantenerme en una actitud agradecida. En los días que estoy agradecido parece que suceden buenas cosas en mi vida. Sin embargo, en el instante en que maldigo las cosas de mi vida, se detiene el fluir de lo bueno. Dios no interrumpió la corriente; fue mi propia negatividad.

DESPRÉNDETE Y DÉJASELO A DIOS

…pidiéndole solamente que nos dejase conocer Su voluntad para con nosotros y nos diese la fortaleza para cumplirla.

DOCE PASOS Y DOCE TRADICIONES, p. 94

Cuando yo "me desprendo y se lo dejo a Dios", pienso más clara y sabiamente. Sin tener que pensarlo, rápidamente me desprendo de las cosas que me causan dolor e incomodidad. Ya que me resulta difícil desprenderme de la clase de pensamientos y actitudes preocupantes que me causan una inmensa angustia, todo lo que tengo que hacer durante esos períodos es dejar que Dios, como yo Lo concibo, lo haga por mí, y al momento me desprendo de los pensamientos, recuerdos y actitudes que me están molestando.

Cuando recibo ayuda de Dios, como yo Lo concibo, puedo vivir mi vida un día a la vez y enfrentarme a cualquier situación que se me presente: Solamente entonces puedo vivir una vida de victoria sobre el alcohol, en cómoda sobriedad.

UNA AVENTURA INDIVIDUAL

*La meditación es algo que siempre puede perfeccio-
narse. No tiene límites, ni de altura ni de amplitud.
Aunque aprovechamos las enseñanzas y los ejemplos
que podamos encontrar, la meditación es, en su esencia, una aventura individual, y cada uno de nosotros
la practica a su manera.*

DOCE PASOS Y DOCE TRADICIONES, p. 99

Mi desarrollo espiritual es con Dios como yo Lo
concibo. Con Él encuentro mi verdadero ser interior. La meditación y la oración diarias fortalecen y
renuevan mi fuente de bienestar. Recibo entonces la
disposición para aceptar todo lo que Él tiene para
ofrecerme. Con Dios tengo la seguridad de que mi
viaje será tal como Él lo quiere para mí, y por esto
estoy agradecido de tener a Dios en mi vida.

UN PASO HACIA LA LUZ

Pero sobre todo querremos la luz del sol; hay poco que pueda crecer en la oscuridad. La meditación es nuestro paso hacia la luz del sol.

COMO LO VE BILL, p. 10

Algunas veces pienso que no tengo tiempo para la oración y la meditación, olvidando que siempre tenía tiempo para beber. Es posible que encuentre tiempo para cualquier cosa que quiera hacer con suficiente fervor. Cuando empiezo con la rutina de la oración y la meditación, es una buena idea planear dedicar una pequeña porción de tiempo para ello. Por la mañana leo una página de uno de los libros de la Comunidad, y cuando me acuesto por la noche digo "Gracias a Dios". Según la oración se convierte en un hábito, iré aumentando el tiempo que dedique a ella, sin siquiera darme cuenta del tiempo que ocupe en mi atareado día. Si me resulta difícil orar, simplemente repito el Padre Nuestro porque en realidad lo abarca todo. Luego pienso en los motivos que tengo para estar agradecido y digo unas palabras de gratitud.

No tengo que encerrarme en un armario para rezar. Sólo me retiro mentalmente por un instante. Según continúe mi práctica de la oración, veré que no necesito palabras, porque Dios puede escuchar y escucha mis pensamientos en el silencio.

UNA SENSACIÓN DE PERTENECER

Tal vez una de las recompensas más grandes de la meditación y la oración es la sensación de pertenecer que nos sobreviene.

DOCE PASOS Y DOCE TRADICIONES, p. 103

¡Eso es lo que es — pertenecer! Después de una sesión de meditación supe que ese sentimiento que estaba experimentando era una sensación de pertenecer, porque me sentía tan relajado. Me sentía más tranquilo en mi interior, más dispuesto a descartar pequeñas irritaciones. Apreciaba mi sentido del humor. Lo que también experimento en mi práctica diaria es el puro placer de pertenecer a la corriente creadora del mundo de Dios. Qué propicio es para nosotros que la oración y la meditación estén inscritas en nuestra manera de vivir en A.A.

ACEPTARSE A SÍ MISMO

*Sabemos que Dios nos cuida amorosamente. Sabe-
mos que cuando acudimos a Él, todo irá bien con nosotros, aquí y en el más allá.*

DOCE PASOS Y DOCE TRADICIONES, p. 103

Rezo para estar siempre dispuesto a recordar que
soy hijo de Dios, una alma divina en forma humana,
y que la tarea más básica y urgente de mi vida es
aceptarme, conocerme, amarme y cultivarme a mí
mismo. Según me acepte a mí mismo, acepto la
voluntad de Dios. Según me conozca y me ame a mí
mismo, conozco y amo a Dios. Según me cultive a
mí mismo, actúo bajo la orientación de Dios.

Rezo para estar dispuesto a abandonar mi arrogante autocrítica, y alabar a Dios humildemente
aceptándome y cuidando de mí mismo.

PENSAMIENTOS MATUTINOS

Pídele a Él en tu meditación por la mañana que te inspire lo que puedes hacer ese día por el que todavía está enfermo.

ALCOHÓLICOS ANÓNIMOS, p. 164

Por muchos años elucubraba sobre la voluntad de Dios para mí, creyendo que quizás me había reservado un gran destino para mi vida. Después de todo, por haber nacido miembro de un credo específico, ¿no se me había dicho que yo era uno de los "elegidos"? Finalmente, al considerar el párrafo arriba citado, se me ocurrió que la voluntad de Dios para conmigo era simplemente que practique el Paso Doce diariamente. Además, me di cuenta de que debo hacer esto lo mejor que pueda. Pronto descubrí que esta práctica me ayuda a mantener mi vida dentro del contexto del día de hoy.

MIRAR HACIA FUERA

Pedimos especialmente ser liberados de la obstina-
ción y nos cuidamos de no pedir sólo para nosotros.
Sin embargo, podemos pedir para nosotros siempre
que esto ayude a otros. Nos cuidamos de no orar nun-
ca para nuestros propios fines egoístas.

ALCOHÓLICOS ANÓNIMOS, p. 87

Como alcohólico activo, yo permitía que el egoísmo
anduviera desenfrenado en mi vida. Estaba tan ape-
gado a la bebida y a otros hábitos egoístas que la
gente y los principios morales estaban en segundo
plano. Ahora, cuando oro por el bien de otros y no
por mis "propios fines egoístas", practico la disciplina de abandonar los apegos egoístas, de cuidar
a mis compañeros y prepararme para el día en que
tendré que abandonar todos los apegos terrenales.

INTUICIÓN E INSPIRACIÓN

...le pedimos a Dios inspiración, una idea intuitiva o una decisión. Procuramos estar tranquilos y tomamos las cosas con calma, no batallamos.

ALCOHÓLICOS ANÓNIMOS, p. 86

Yo invierto mi tiempo en lo que verdaderamente amo. El Paso Once es una disciplina que me permite estar unido con mi Poder Superior, recordándome que, con la ayuda de Dios, la intuición y la inspiración son posibles. La práctica de este Paso conduce al amor propio. Un esfuerzo constante para mejorar mi contacto consciente con un Poder Superior, sutilmente me recuerda mi pasado enfermizo, con sus moldes de pensamientos grandiosos y de falsos sentimientos de omnipotencia. Pedir la fortaleza para cumplir con la voluntad de Dios para conmigo, me hace darme cuenta de mi impotencia. La humildad y el amor propio sano son compatibles, un resultado directo de la práctica del Paso Once.

SUSTENTO VITAL

A aquellos de nosotros que nos hemos acostumbrado a valernos asiduamente de la oración, el tratar de desenvolvernos sin rezar nos parecería tan poco sensato como privarnos del aire, de la comida o de la luz del sol. Y por la misma razón. Cuando nos privamos del aire, de la comida, o de la luz del sol, el cuerpo sufre. Y de la misma manera, cuando nos negamos a rezar y a meditar, privamos a nuestras mentes, a nuestras emociones y a nuestras intuiciones de un apoyo vital y necesario.

DOCE PASOS Y DOCE TRADICIONES, p. 95-96

El Paso Once no tiene que abrumarme. El contacto consciente con Dios puede ser tan sencillo y tan profundo como el contacto consciente con otro ser humano. Puedo sonreír. Puedo escuchar. Puedo perdonar. Cada encuentro con otro ser humano es una oportunidad para orar, para reconocer la presencia de Dios dentro de mi ser.

Hoy puedo acercarme un poco más a mi Poder Superior. Cuanto más busque en otra gente la belleza de las obras de Dios, más seguro estaré de Su presencia.

UNA SUSPENSIÓN DIARIA

Lo que en realidad tenemos es una suspensión diaria de nuestra sentencia, que depende del mantenimiento de nuestra condición espiritual.

ALCOHÓLICOS ANÓNIMOS, p. 85

Mantener mi buena forma espiritual es como hacer ejercicio todos los días, entrenarme para el maratón, nadar, correr. Es mantenerse en buen estado espiritualmente, y esto requiere la oración y la meditación. La manera más importante de mejorar mi contacto consciente con un Poder Superior es orar y meditar. Yo soy tan impotente ante el alcohol como lo soy para hacer retroceder las olas del mar; ninguna fuerza humana tiene el poder para superar mi alcoholismo. Ahora puedo respirar el aire de la alegría, de la felicidad y de la sabiduría. Tengo la capacidad para amar y reaccionar ante los eventos a mi alrededor con los ojos de una fe en cosas que no son aparentes. Mi suspensión diaria significa que, por difíciles o dolorosas que parezcan las cosas hoy, puedo recurrir al poder del programa para mantenerme liberado de mi enfermedad astuta, desconcertante y poderosa.

SUPERAR LA SOLEDAD

Casi sin excepción, los alcohólicos están torturados por la soledad. Incluso antes de que nuestra forma de beber se agravara hasta tal punto que los demás se alejaran de nosotros, casi todos nosotros sufríamos de la sensación de no encajar en ninguna parte.

COMO LO VE BILL, p. 90

Las agonías y el vacío que a menudo sentía dentro de mí, hoy son cada vez menos frecuentes en mi vida. He aprendido a lidiar con la soledad. Solamente cuando estoy solo y tranquilo, puedo comunicarme con Dios, porque Él no puede alcanzarme cuando estoy agitado. Es bueno mantener contacto con Dios en todo momento, pero es absolutamente esencial que, cuando todo parece ir mal, yo mantenga ese contacto por medio de la oración y la meditación.

UNA RED DE SEGURIDAD

Hay momentos en los que… nos sobrecoge una rebeldía tan corrosiva que simplemente rehusamos rezar. Cuando estas cosas nos ocurren, no debemos juzgarnos despiadadamente. Debemos simplemente reanudar la oración tan pronto como podamos, haciendo así lo que sabemos que nos va bien.

DOCE PASOS Y DOCE TRADICIONES, p. 103

Algunas veces grito, pataleo y le doy la espalda a mi Poder Superior. Entonces mi enfermedad me dice que soy un fracaso y que si me mantengo enojado, con toda seguridad me emborracharé. En esos momentos de terquedad es como si me hubiera resbalado al borde de un precipicio y hubiera quedado agarrándome con una mano. El párrafo arriba citado es mi red de seguridad porque me insta a probar un nuevo comportamiento, tal como ser bondadoso y paciente conmigo mismo. Esto me asegura que mi Poder Superior esperará hasta que nuevamente yo esté dispuesto a correr el riesgo de soltarme para caer en la red y orar.

"IBA EMPEORÁNDOME RÁPIDAMENTE"

Los A.A. somos gente activa que disfrutamos de las satisfacciones de enfrentarnos a las realidades de la vida… no es de extrañar que a veces tengamos tendencia a menospreciar la oración y la meditación, considerándolas como cosas que no son realmente necesarias.

DOCE PASOS Y DOCE TRADICIONES, p. 94

Me estaba alejando del programa ya por algún tiempo, cuando la amenaza de una enfermedad mortal me hizo volver a la práctica del Paso Once de nuestra Comunidad. Aunque llevaba quince años y era muy activo en el programa, sabía que la calidad de mi sobriedad había desmejorado mucho. Dieciocho meses después, un examen médico reveló un tumor maligno y una prognosis de muerte segura dentro de seis meses. La desesperación se apoderó de mí cuando ingresé en un programa de rehabilitación, después del cual dos ataques de apoplejía revelaron dos tumores cerebrales grandes. Según iba tocando nuevos fondos, tenía que preguntarme por qué me estaba sucediendo esto. Dios me permitió reconocer mi deshonestidad y recibir enseñanza otra vez. Los milagros empezaron a suceder. Pero primordialmente volví a aprender el pleno significado del Paso Once. Mi salud ha mejorado dramáticamente y mis males son insignificantes en comparación con lo que casi perdí.

"TU VOLUNTAD, NO LA MÍA"

…al hacer cualquier petición específica, nos conven-
drá añadir las palabras: "…si esa es Tu voluntad".

DOCE PASOS Y DOCE TRADICIONES, p. 100

Yo simplemente pido durante el día que Dios me dé
la mejor comprensión de Su voluntad que yo pueda
tener para ese día, y que se me conceda la gracia
para cumplirla. Según transcurre el día, puedo
hacer una pausa cuando me encuentro en situaciones que debo enfrentar o con otras decisiones que
debo tomar, y renovar la simple petición: "Hágase
Tu voluntad, no la mía".

Siempre debo tener en mente que en todas las
situaciones yo soy responsable del esfuerzo y Dios
es responsable del resultado. Puedo "desprenderme y
dejárselo a Dios" repitiendo humildemente: "Hágase
Tu voluntad, no la mía". La paciencia y la perseve-
rancia en buscar Su voluntad para conmigo me libra-
rán del dolor producido por las expectativas egoístas.

UNA ORACIÓN CLÁSICA

"Dios, hazme un instrumento de tu Paz —que donde haya odio, siembre amor —donde haya injuria, perdón —donde haya discordia, armonía —donde haya error, verdad —donde haya duda, fe —donde haya desesperación, esperanza —donde haya sombras, luz —donde haya tristeza, alegría. Dios, concédeme que busque no ser consolado, sino consolar —no ser comprendido, sino comprender —no ser amado, sino amar. Porque olvidándome de mí mismo, me encuentro; perdonando, se me perdona; muriendo en Ti, nazco a la Vida Eterna. Amén".

DOCE PASOS Y DOCE TRADICIONES, p. 97

No importa en qué parte de mi desarrollo espiritual me encuentre, la oración de San Francisco me ayuda a mejorar mi contacto consciente con el Dios de mi entendimiento. Creo que una de las grandes ventajas de mi fe en Dios está en que yo no lo comprendo a Él o a Ella o a Ello. Puede ser que mi relación con mi Poder Superior sea tan fructífera que yo no tengo que comprenderlo. Sólo estoy seguro de que si practico el Undécimo Paso regularmente, lo mejor que pueda, continuaré mejorando mi contacto consciente, que conoceré Su voluntad para conmigo y que tendré la fortaleza para cumplirla.

SOLAMENTE DOS PECADOS

...solamente hay dos pecados; el primero es interferir en el desarrollo de otro ser humano, y el segundo es interferir en el desarrollo de uno mismo.

ALCOHÓLICOS ANÓNIMOS, p. 542
(Tercera edición, inglés)

La felicidad es un estado tan elusivo. ¿Cuán a menudo mis "oraciones" por otros incluyen oraciones "escondidas" para mi propio beneficio? ¿Cuán a menudo mi búsqueda de la felicidad es un obstáculo en el sendero del desarrollo de otro, o aun del mío? Buscar el desarrollo por medio de la humildad y la aceptación nos trae cosas que difícilmente parecen ser buenas, sanas y vitales. No obstante, al mirar atrás, puedo ver que el dolor, las luchas y los contratiempos han contribuido finalmente a la serenidad por medio de mi desarrollo en el programa.

Le pido a mi Poder Superior que me ayude a no impedir el desarrollo de otra persona o el mío propio.

"LEVANTA LA MIRADA HACIA LA LUZ"

Cree más profundamente. Levanta la mirada hacia la Luz, aunque por el momento no puedas ver.

COMO LO VE BILL, p. 3

Durante mis meditaciones matutinas, un domingo de octubre, me asomé por la ventana y vi el fresno en el patio de enfrente. De inmediato quedé sobrecogido por su magnífico color dorado. Mientras lo miraba fijamente asombrado por la obra artística de Dios, las hojas empezaron a caer y en pocos minutos sus ramas quedaron desnudas. La tristeza me invadió al pensar en los meses de invierno por delante, pero mientras reflexionaba sobre el proceso anual del otoño, me llegó el mensaje de Dios. Como los árboles, desnudos de hojas en el otoño, brotan nuevos botones en la primavera, yo, despojado de mis costumbres obsesivas y egoístas por Dios, puedo florecer como un miembro de A.A. sobrio y alegre. Gracias a Ti, Dios, por el cambio de estaciones y por mi vida en cambio continuo.

UNA BÚSQUEDA UNIVERSAL

Prepárate para darte cuenta en donde están en lo cierto las personas religiosas. Haz uso de lo que ellos te brindan.

ALCOHÓLICOS ANÓNIMOS, p. 87

Yo no pretendo tener todas las respuestas en asuntos espirituales, así como no pretendo tenerlas en cuanto al alcoholismo. Hay otros que también están comprometidos a la búsqueda espiritual. Si mantengo una mente abierta respecto a lo que otros tienen que decir, tengo mucho que ganar. Mi sobriedad es grandemente enriquecida y mi práctica del Undécimo Paso es más fructífera cuando hago uso tanto de la literatura y de las prácticas de mi tradición judeocristiana como de los recursos de otras religiones. De esta manera recibo apoyo de muchas fuentes para mantenerme alejado del primer trago.

UNA PODEROSA TRADICIÓN

En los años anteriores a la publicación del libro Alcohólicos Anónimos, no teníamos nombre… Por un escaso margen, se decidió titular nuestro libro "La Salida"… Uno de nuestros primeros miembros solitarios… descubrió doce libros publicados con ese título… Así fue que "Alcohólicos Anónimos" se convirtió en el título de preferencia. Y así fue que conseguimos un título para nuestro libro, un nombre para nuestro movimiento y, como ya estamos comenzando a ver, una tradición de la más alta importancia espiritual.

LA TRADICIÓN DE A.A.: CÓMO SE DESARROLLÓ, p. 35-36

¡Cuántas veces un Poder Superior se ha hecho sentir en momentos cruciales de nuestra historia! En aquellos primeros días, la importancia que el principio de anonimato adquiriría fue, si acaso, vagamente percibida. Parece que el azar contribuyó aun en la selección de un nombre para nuestra Comunidad.

Dios no desconoce el anonimato y frecuentemente aparece en los asuntos humanos disfrazado de "suerte", "azar" o "coincidencia". Si el anonimato, algo fortuitamente, se convirtió en la base espiritual de nuestras Tradiciones, quizá Dios estaba actuando anónimamente en nuestro beneficio.

LOS PELIGROS DE LA PUBLICIDAD

Los individuos que simbolizan causas e ideas satis-
facen una profunda necesidad humana. Nosotros los
A.A. no lo dudamos. No obstante, tenemos que en-
frentarnos seria y sensatamente con la realidad de
que el estar a la vista del público es peligroso, espe-
cialmente para nosotros.

DOCE PASOS Y DOCE TRADICIONES, p. 176

Como alcohólico recuperado tengo que hacer un
esfuerzo para poner en práctica los principios del
programa de A.A., que están basados en honestidad, verdad y humildad. Cuando bebía, estaba
constantemente tratando de ser el centro de atención. Ahora que soy consciente de mis errores y de
mi antigua falta de integridad, no sería honesto que
buscara el prestigio, aun por el justificable propósito
de promover el programa de A.A. de recuperación.
¿No es mucho más valiosa la publicidad engen-
drada por la Comunidad de A.A. y los milagros que
produce? ¿Por qué no dejar que la gente alrededor
nuestro aprecien por ellos mismos los cambios que
A.A. ha causado en nosotros? Esto será una mejor
recomendación para la Comunidad que cualquiera
que yo pueda hacer.

EL PODER DE LA ATRACCIÓN

Al principio, la prensa no podía entender nuestro rechazo de toda publicidad personal. Estaban totalmente perplejos por nuestra insistencia en el anonimato. Luego, la comprendieron. Se encontraron ante algo inusitado en el mundo — una sociedad que decía que quería hacer publicidad de sus principios y sus obras, pero no de sus miembros individuales. La prensa estaba encantada con esta actitud. Desde entonces, estos amigos han hecho reportajes sobre A.A. con un entusiasmo que a los miembros más fervientes les resultaría difícil igualar.

DOCE PASOS Y DOCE TRADICIONES, p. 177

Para mi supervivencia y para la de la Comunidad, es esencial que yo no use a A.A. para hacerme el centro de atención. El anonimato es para mí una manera de practicar la humildad. Ya que el orgullo es uno de mis defectos más peligrosos, practicar la humildad es una de las mejores maneras de superarlo. La Comunidad de A.A. gana reconocimiento mundial por sus diversos métodos de hacer públicos sus principios y su trabajo, no porque sus miembros individualmente hagan publicidad de sí mismos. La atracción creada por mi cambio de actitudes y mi altruismo, contribuyen mucho más al bienestar de A.A. que la promoción personal.

ATRACCIÓN, NO PROMOCIÓN

Tras muchas experiencias dolorosas, creemos haber determinado cuál debe ser esta política. En muchos aspectos, es lo contrario de las acostumbradas tácticas publicitarias. Nos dimos cuenta de que teníamos que contar con el principio de atracción, en vez del de promoción.

DOCE PASOS Y DOCE TRADICIONES, p. 176

Cuando bebía yo reaccionaba con ira, autoconmiseración y desafío en contra de cualquiera que quisiera cambiarme. Todo lo que yo quería entonces era ser aceptado por otro ser humano simplemente por lo que yo era y, curiosamente, eso es lo que he encontrado en A.A. Me convertí en el guardián de este concepto de atracción, que es el principio de las relaciones públicas de nuestra Comunidad. Por la atracción puedo alcanzar mejor al alcohólico que aún sufre.

Doy gracias a Dios por haberme dado la atracción de un bien planeado y establecido programa de Pasos y Tradiciones. Por la humildad y el apoyo de mis compañeros, miembros sobrios, yo he podido practicar la manera de vivir de A.A. por medio de la atracción, y no de la promoción.

"GUARDIANES ACTIVOS"

No obstante, para nosotros representa mucho más que una sensata política de relaciones públicas. Es más que un rechazo del egoísmo. Esta Tradición nos recuerda de manera constante y concreta que en A.A. no hay lugar para la ambición personal. Mediante esta Tradición, cada miembro es un guardián activo de nuestra Comunidad.

DOCE PASOS Y DOCE TRADICIONES, p. 178

El concepto básico de la humildad está expresado en la Undécima Tradición: me permite participar completamente en el programa de una manera sencilla, pero no obstante profunda; llena mi necesidad de ser una parte integral de un todo muy significativo. La humildad me acerca al verdadero espíritu de unión y unidad, sin el cual yo no podría mantenerme sobrio. Al recordar que cada miembro es un ejemplo de sobriedad, que cada uno vive la Undécima Tradición, yo puedo experimentar la libertad porque cada uno de nosotros es anónimo.

PROTECCIÓN PARA TODOS

A nivel personal, el anonimato les da protección a todos los miembros contra ser identificados como alcohólicos, una salvaguarda a menudo de especial importancia para el recién llegado.

A nivel de prensa, TV, radio y cine, el anonimato hace destacar la igualdad dentro de la Comunidad de todos los miembros, refrenando a las personas que pudieran explotar su afiliación A.A. para ganar fama, poder o provecho personal.

COMPRENDIENDO EL ANONIMATO, p. 3

La atracción es la fuerza principal de la Comunidad de A.A. El milagro de la continua sobriedad de alcohólicos dentro de A.A. confirma este hecho todos los días. Sería perjudicial si la Comunidad se promocionara a sí misma, anunciando por medio de la radio y la televisión la sobriedad de conocidas personalidades públicas que son miembros de A.A. Si estas personalidades tuvieran recaídas, el público de afuera creería que nuestro movimiento no es fuerte y podrían poner en duda la veracidad del milagro del siglo. Alcohólicos Anónimos no es anónimo, pero sus miembros sí deben serlo.

PASOS "SUGERIDOS"

Nuestro Paso Doce también nos dice que, como resultado de practicar todos los Pasos, cada uno de nosotros ha experimentado algo que se llama un despertar espiritual… En A.A., la forma de prepararse para recibir este don radica en la práctica de los Doce Pasos de nuestro programa.

DOCE PASOS Y DOCE TRADICIONES, p. 104-05

Yo recuerdo la respuesta de mi padrino cuando le dije que los Pasos eran "sugeridos". El me contestó que son "sugeridos" en la misma forma en que, si fueras a saltar de un avión con un paracaídas, es "sugerido" que tires de la argolla para salvar tu vida. Él recalcó que era "sugerido" que yo practicara los Doce Pasos, si quería salvar mi vida. Así es que yo trato de recordar diariamente que tengo todo el programa de recuperación basado en todos los Doce Pasos "sugeridos".

SERENIDAD

Habiendo obtenido un despertar espiritual como re-
sultado de estos pasos,...

DOCE PASOS Y DOCE TRADICIONES, p. 104

Según continuaba asistiendo a las reuniones y practicando los Pasos, algo empezó a sucederme. Me
sentía confuso porque no estaba seguro de lo que
estaba sintiendo, y entonces me di cuenta de que
estaba experimentando la serenidad. Era una sensación agradable, pero, ¿de dónde venía? Luego me
di cuenta de que venía "...como resultado de estos
pasos". Puede que el programa no sea siempre fácil
de practicar, pero yo tuve que reconocer que mi
serenidad me había llegado después de practicar los
Pasos. Según trabajo los Pasos en todo lo que hago,
practicando estos principios en todos mis asuntos,
me encuentro despierto ante Dios, ante otros y ante
mí mismo. El despertar espiritual que yo he disfru-
tado como resultado de practicar los Pasos es la
conciencia de que ya no estoy solo.

EN TODOS NUESTROS ASUNTOS

…tratamos de llevar este mensaje a los alcohólicos y de practicar estos principios en todos nuestros asuntos.

DOCE PASOS Y DOCE TRADICIONES, p. 104

Me resulta fácil llevar el mensaje de recuperación a otros alcohólicos, porque esto me ayuda a mantenerme sobrio y me da una sensación de bienestar respecto a mi propia recuperación. Lo difícil está en *practicar estos principios en todos mis asuntos.* Es importante que comparta los beneficios que recibo de A.A., especialmente en el *hogar.* ¿No merece mi familia la misma paciencia, tolerancia y comprensión que tan gustosamente le doy al alcohólico? Al repasar mi día trato de preguntarme, "¿tuve la oportunidad de ser amigo y la perdí?" "¿Tuve hoy la oportunidad de estar por encima de una situación desagradable y la evité?" "¿Tuve la oportunidad de decir 'lo lamento' y rehusé decirlo?"

Así como cada día le pido ayuda a Dios con mi alcoholismo, le pido que me ayude a ampliar mi recuperación para que incluya todas las situaciones y *toda* la gente.

EN ACCIÓN

A.A. es algo más que un conjunto de principios; es una sociedad de alcohólicos en acción. Debemos llevar el mensaje, pues, de no hacerlo, nosotros mismos podemos marchitarnos y aquellos a quienes no se les ha comunicado la verdad, pueden perecer.

COMO LO VE BILL, p. 13

Yo tenía un deseo desesperado de vivir, pero si iba a lograrlo, tenía que participar activamente en nuestro programa. Me uní a lo que se convertiría en mi grupo, donde abría el local, hacía el café y me ocupaba de la limpieza. Llevaba sobrio tres meses cuando un veterano me dijo que yo estaba haciendo trabajo de Paso Doce. ¡Qué satisfactorio fue saberlo! Sentí que realmente estaba logrando algo. Dios me había dado una segunda oportunidad, A.A. me había enseñado el camino y estos dones eran no sólo gratuitos sino inapreciables. La alegría de ver desarrollarse a los recién llegados me recuerda de dónde vine, dónde estoy y las ilimitadas posibilidades que tengo por delante. Tengo que asistir a las reuniones porque en ellas recargo mis baterías para tener luz cuando la necesite. Soy un principiante en el servicio, pero ya estoy recibiendo más de lo que doy. No puedo conservarlo a menos que lo dé a otros. Yo soy responsable cuando otro pide ayuda. Yo quiero estar allí — sobrio.

UN NUEVO ESTADO DE CONCIENCIA

Se le ha concedido un don que le produce un nuevo estado de conciencia y una nueva forma de ser.

DOCE PASOS Y DOCE TRADICIONES, p. 105

Para muchos de nosotros en A.A. el despertar espiritual puede ser algo enigmático. Yo tenía la tendencia a esperar un milagro, algo dramático y espectacular. Pero lo que generalmente sucede es que una sensación de bienestar, un sentimiento de paz nos traslada a un nuevo nivel de conciencia. Eso es lo que me sucedió a mí. Mi locura y mi inquietud interior desaparecieron y entré en una nueva dimensión de esperanza, amor y paz. Creo que el grado en que sigo experimentando esta nueva dimensión está en proporción directa con la sinceridad, profundidad y devoción con las que practique los Doce Pasos de A.A.

CUANDO PIERDO LAS ESPERANZAS

Al desarrollarnos aun más, descubrimos que la mejor fuente posible de estabilidad emocional era el mismo Dios. Vimos que la dependencia de Su perfecta justicia, perdón y amor era saludable, y que funcionaría cuando todo lo demás nos fallara. Si realmente dependíamos de Dios, no nos sería posible hacer el papel de Dios con nuestros compañeros, ni sentiríamos el deseo urgente de depender totalmente de la protección y cuidado humanos.

DOCE PASOS Y DOCE TRADICIONES, p. 114

Mi experiencia ha sido que, cuando todos los recursos humanos parecen haber fallado, siempre hay Uno que nunca me desampara. Aun más, Él siempre está ahí para compartir mi alegría, para enseñarme el buen camino y para confiarme a Él cuando no hay nadie más. Mientras que los esfuerzos humanos pueden aumentar o disminuir mi bienestar y felicidad, sólo Dios puede proveerme el amoroso alimento del cual depende mi salud espiritual diaria.

VERDADERA AMBICIÓN

La verdadera ambición es el profundo deseo de vivir útilmente y de andar humildemente bajo la gracia de Dios.

DOCE PASOS Y DOCE TRADICIONES, p. 122

Durante mis años de bebedor, mi única preocupación era la de que todos mis prójimos tuvieran un alto concepto de mí. Mi ambición en todo lo que hacía era tener el poder de estar en la cima. Mi ser interior me decía otra cosa, pero yo no podía aceptarlo. Ni siquiera me permitía darme cuenta de que continuamente usaba una máscara. Finalmente, cuando la máscara se cayó y yo grité al único Dios que podía concebir, la Comunidad de A.A., mi grupo y los Doce Pasos de A.A. estaban allí. Aprendí a transformar los resentimientos en aceptación, el temor en esperanza y la ira en amor. Además, me he dado cuenta de que, amando sin indebidas esperanzas, compartiendo mi interés y mi preocupación por mis compañeros, cada día puede ser alegre y fructífero. Yo empiezo y termino cada día dando gracias a Dios, quien tan generosamente ha vertido Su gracia en mí.

SERVICIO

La vida tendrá un nuevo significado. Ver a las personas recuperarse, verlas ayudar a otras, ver cómo desaparece la soledad, ver una comunidad desarrollarse a tu alrededor, tener una multitud de amigos — esta es una experiencia que no debes perderte… El contacto frecuente con recién llegados y entre unos y otros es la alegría de nuestras vidas.

ALCOHÓLICOS ANÓNIMOS, p. 89

En el servicio se encuentran las mayores recompensas. Pero para estar en condiciones de poder ofrecer un verdadero, útil y eficaz servicio a otros, primero tengo que trabajar en mí mismo. Esto significa que tengo que ponerme en las manos de Dios, admitir mis faltas y limpiar los escombros de mi pasado. El trabajo conmigo mismo me ha enseñado a encontrar la paz y la serenidad necesarias para combinar con éxito la inspiración y la experiencia. He aprendido a ser, en el verdadero sentido, un conducto abierto de sobriedad.

AMOR SIN PRECIO

Cuando se aprecian todas las implicaciones del Paso Doce, se ve que, en realidad, nos habla de la clase de amor al que no se puede poner precio.

DOCE PASOS Y DOCE TRADICIONES, p. 104

Para empezar a practicar el Paso Doce, yo tenía que trabajar en mi sinceridad, en mi honestidad y aprender a actuar con humildad. Llevar el mensaje es un don de mí mismo, no importa cuántos años de sobriedad pueda haber acumulado. Mis sueños pueden hacerse realidad. Refuerzo mi sobriedad compartiendo lo que he recibido libremente. Al reflexionar sobre la época en que empezó mi recuperación, ya había una semilla de esperanza de que podría ayudar a otro borracho a liberarse de su fango alcohólico. Mi deseo de ayudar a otro borracho es la clave de mi salud espiritual. Pero nunca olvido que Dios actúa a través mío. Soy solamente su instrumento.

Aun si la otra persona no está lista, es un logro, porque mi esfuerzo a su favor me ha ayudado a mantenerme sobrio y fortalecerme. La clave está en actuar, en nunca cansarme de trabajar mi Paso Doce. Si hoy puedo reír, no me dejes olvidar aquellos días en que lloraba. Dios me recuerda que puedo sentir compasión.

LLEVAR EL MENSAJE

Contemplemos ahora el resto del Paso Doce. La maravillosa energía que libera y la ávida acción con la que lleva nuestro mensaje al alcohólico que aún sufre, y que acaba por convertir los Doce Pasos en acción en todos los asuntos de nuestra vida, es el gran beneficio, la realidad magnífica, de Alcohólicos Anónimos.

DOCE PASOS Y DOCE TRADICIONES, p. 107

Renunciar al mundo alcohólico no es abandonarlo, sino más bien actuar bajo principios que he llegado a amar y valorar y a devolver a otros que aún sufren, la serenidad que yo he llegado a conocer. Cuando estoy verdaderamente dedicado a este propósito, importa poco qué ropas lleve o cómo me gane la vida. Mi tarea es llevar el mensaje y guiar por el ejemplo, no por precepto.

"UNA VERDADERA HUMILDAD"

...debemos practicar una verdadera humildad. Todo esto a fin de que las bendiciones que conocemos no nos estropeen; y que vivamos en contemplación constante y agradecida de Él que preside sobre todos nosotros.

DOCE PASOS Y DOCE TRADICIONES, p. 187

La experiencia me ha enseñado que mi personalidad alcohólica tiene tendencia hacia la grandiosidad. Aparentemente con buenas intenciones, puedo salirme por la tangente al perseguir mis "causas". Mi ego toma el mando y pierdo de vista mi propósito primordial. Puede que incluso me atribuya el mérito por las obras de Dios en mi vida. Tal sentimiento exagerado de mi propia importancia es peligroso para mi sobriedad y puede causar un grave daño a A.A. como un todo.

Mi salvaguardia, la Duodécima Tradición, sirve para mantenerme humilde. Me doy cuenta de que, como individuo y como miembro de la Comunidad, no puedo hacer alarde de mis logros, y que "Dios hace por nosotros lo que por nosotros mismos no podíamos hacer".

UNA SOLUCIÓN COMÚN

El hecho tremendo para cada uno de nosotros es que hemos descubierto una solución común. Tenemos una salida en la que podemos estar completamente de acuerdo, y a través de la cual podemos incorporarnos a la acción fraternal y armoniosa. Esta es la gran noticia, la buena nueva que este libro lleva a los que padecen del alcoholismo.

ALCOHÓLICOS ANÓNIMOS, p. 17

El Trabajo de Paso Doce de mayor envergadura fue la publicación de nuestro Libro Grande, *Alcohólicos Anónimos*. Para llevar el mensaje pocos pueden igualar a este libro. Mi idea es salirme de mí mismo y simplemente hacer lo que pueda. Aunque no se me haya pedido apadrinar a nadie y mi teléfono suene muy rara vez, todavía puedo hacer el trabajo de Paso Doce. Participo en "acción fraternal y armoniosa". Llego siempre temprano a las reuniones para recibir a la gente y ayudar a preparar la sala y compartir mi experiencia, fortaleza y esperanza. También hago lo que puedo en el servicio. Mi Poder Superior me da exactamente lo que Él quiere que haga en cualquier etapa de mi recuperación y, si se lo permito, mi buena disposición me traerá el trabajo del Paso Doce automáticamente.

PENSAR EN OTROS

Nuestras mismas vidas, como ex bebedores problema que somos, dependen de nuestra constante preocupación por otros y de la manera en que podamos satisfacer sus necesidades.

ALCOHÓLICOS ANÓNIMOS, p. 19-20

Nunca me ha resultado fácil pensar en otros. Aun cuando trato de practicar el programa de A.A., siempre soy propenso a pensar, "¿Cómo me encuentro hoy? ¿Me siento feliz, alegre y libre?"

El programa me dice que mis pensamientos *tienen* que dirigirse a aquellos alrededor mío: "¿Le gustaría a este principiante tener alguien con quien hablar?" "A esa persona la veo un poco triste hoy, quizá podría levantarle el ánimo". Solamente cuando olvido mis problemas y me esfuerzo por aportar algo a otros, puedo empezar a alcanzar la serenidad, el conocimiento consciente de Dios que busco.

LLEGAR AL ALCOHÓLICO

Nunca le hables a un alcohólico desde una cumbre moral o espiritual; sencillamente muéstrale el juego de herramientas espirituales para que él las inspeccione. Demuéstrale cómo funcionaron para ti.

ALCOHÓLICOS ANÓNIMOS, p. 95

¿Tengo yo la tendencia a mirar al recién llegado que acabo de conocer desde mi percibida perspectiva de éxito en A.A.? ¿Lo comparo a él con los numerosos conocidos que tengo en la Comunidad? ¿Le enseño en un tono magistral la voz de A.A.? ¿Cuál es mi verdadera actitud hacia él? Yo tengo que examinarme a mí mismo siempre que encuentre un recién llegado para asegurarme de que estoy llevando el mensaje con sencillez, con humildad y con generosidad. Aquel que todavía sufre de la terrible enfermedad del alcoholismo tiene que encontrar en mí a un amigo que le permita conocer la manera de A.A., porque yo tuve un amigo así cuando llegué. Hoy me toca a mí extender mi mano con amor a mi hermana o hermano alcohólico y enseñarle el camino a la felicidad.

HACER CUALQUIER COSA PARA AYUDAR

Ofrécele (al alcohólico) tu amistad y compañerismo. Dile que, si quiere ponerse bien, tú harás cualquier cosa por ayudarlo.

ALCOHÓLICOS ANÓNIMOS, p. 95

Yo recuerdo la atracción que sentía hacia los dos hombres de A.A. que hicieron el Paso Doce conmigo. Me dijeron que yo podía obtener lo que ellos tenían, sin condiciones, y que lo único que yo tenía que hacer era tomar la decisión de unirme a ellos en el sendero de la recuperación. Cuando yo trato de convencer a un recién llegado para que haga las cosas a mi manera, olvido lo beneficioso que era para mí la generosa amplitud de mente de esos hombres.

COMPAÑEROS DE RECUPERACIÓN

...no hay nada que asegure tanto la inmunidad a la bebida como el trabajo intensivo con otros alcohólicos... Tanto tú como el principiante tienen que ir día por día por el camino del progreso espiritual... Sigue los mandatos de un Poder Superior y pronto vivirás en un mundo nuevo y maravilloso, no importa cuál sea tu situación actual.

ALCOHÓLICOS ANÓNIMOS, p. 89, 100

Hacer las cosas debidas por los debidos motivos — esta es mi manera de controlar mi egoísmo y mi egocentrismo. Me doy cuenta de que mi dependencia de un Poder Superior abre el camino de la tranquilidad de espíritu, de la felicidad y de la sobriedad. Yo rezo cada día para evitar mis acciones previas y así poder ayudar a otros.

UNA RECOMPENSA INAPRECIABLE

…trabajo intensivo con otros alcohólicos… Funciona cuando fallan otras actividades.

ALCOHÓLICOS ANÓNIMOS, p. 89

"La vida tendrá un nuevo significado", como dice el Libro Grande (p. 89). Esta promesa me ha ayudado a evitar el egoísmo y la autoconmiseración. Ver a otros desarrollarse en este maravilloso programa y verlos mejorar la calidad de sus vidas es una recompensa inapreciable por mi esfuerzo para ayudar a otros. El autoexamen es otra recompensa más para la recuperación continua, así como lo son la serenidad, la paz y el contentamiento. La energía derivada de ver a otros en el sendero del éxito, de compartir con ellos la alegría del viaje, da un nuevo sentido a mi vida.

HONESTIDAD CON LOS
RECIÉN LLEGADOS

Dile exactamente qué fue lo que sucedió. *Haz hin-capié sin reserva en el aspecto espiritual.*

ALCOHÓLICOS ANÓNIMOS, p. 93

Lo maravilloso de A.A. es que sólo cuento lo que me sucedió a mí. No pierdo el tiempo ofreciendo consejo a posibles principiantes, porque si el consejo diera buenos resultados, nadie llegaría a A.A. Todo lo que tengo que hacer es mostrar lo que me ha traído la sobriedad y lo que ha cambiado mi vida. Si dejo de hacer hincapié en el aspecto espiritual del programa de A.A., soy deshonesto. No se le debe causar al recién llegado una falsa impresión de la sobriedad. Yo estoy sobrio solamente por la gracia de mi Poder Superior, y esto hace posible que yo comparta con otros.

COMPRENDER LA ENFERMEDAD

Cuando se trata con un alcohólico puede causarle una molestia natural el pensar que un hombre puede ser tan débil, estúpido e irresponsable. Aun cuando usted comprenda mejor el mal, puede que este sentimiento aumente.

ALCOHÓLICOS ANÓNIMOS, p. 139

Por haber sufrido del alcoholismo, yo debería comprender la enfermedad, pero algunas veces siento molestia y aun desprecio hacia una persona que no pueda lograrlo en A.A. Cuando me siento así, estoy satisfaciendo un falso sentimiento de superioridad y tengo que recordar que, si no fuera por la gracia de Dios, ése podría ser yo mismo.

LAS RECOMPENSAS DE DAR

Esta es, de verdad, la dádiva que no exige nada a cambio. Él no espera que su compañero de fatigas le pague, ni siquiera que lo ame. Luego, se da cuenta de que, por medio de esta paradoja divina, al dar así, sin esperar nada, ha encontrado su propia recompensa, ya sea que su hermano haya recibido algo o no.

DOCE PASOS Y DOCE TRADICIONES, p. 107

Por medio de la experiencia en el trabajo de Paso Doce, llegué a entender las recompensas de dar sin exigir nada a cambio. Al principio yo esperaba la recuperación de otros, pero muy pronto me di cuenta de que esto no sucedía. Una vez que adquirí la humildad para aceptar el hecho de que no todas las visitas de Paso Doce iban a tener éxito, entonces estaba abierto a recibir las recompensas de dar generosamente.

ESCUCHA, COMPARTE Y ORA

Cuando estés tratando de ayudar a un individuo y a su familia, debes cuidarte de no participar en sus disputas. Si lo haces, puedes perder la oportunidad de ayudar.

ALCOHÓLICOS ANÓNIMOS, p. 100

Varias veces, al tratar de ayudar a un compañero alcohólico, yo he cedido al impulso de dar consejo, y quizá esto sea inevitable. Pero conceder a otros el derecho a estar equivocados, produce sus propios beneficios. Lo mejor que puedo hacer —y ponerlo en práctica parece más fácil de lo que es— es escuchar, compartir experiencia personal y orar por otros.

PRINCIPIOS, NO PERSONALIDADES

Las formas en que nuestros alcohólicos "dignos" a veces han tratado de juzgar a los "menos respetables" son, en retrospectiva, algo absurdas. Imagínate, si puedes, un alcohólico juzgando a otro.

EL LENGUAJE DEL CORAZÓN, p. 37

¿Quién soy yo para juzgar a nadie? Cuando entré en la Comunidad, descubrí que todos me gustaban. Después de todo, A.A. me iba a ayudar a vivir una vida mejor sin alcohol. La realidad era que a mí no me podrían gustar todos y tampoco yo a ellos. A medida que me he desarrollado en la Comunidad, he aprendido a amar a todos solamente por haber escuchado lo que ellos tenían que decir. Esa persona allá, o ésta aquí, puede ser la que Dios ha elegido para darme el mensaje que necesito hoy. Siempre debo recordar anteponer los principios a las personalidades.

RECUPERACIÓN, UNIDAD, SERVICIO

Nuestro Duodécimo Paso —llevar el mensaje— es el servicio básico que presta la Comunidad de A.A.; es nuestro principal objetivo y la razón primordial de nuestra existencia.

EL LENGUAJE DEL CORAZÓN, p. 161

Doy gracias a Dios por aquellos que llegaron antes que yo, aquellos que me dijeron que no olvidara los Tres Legados: Recuperación, Unidad y Servicio. En mi grupo base hay un cartel que describe los Tres Legados así: "Toma un banquillo de tres patas y trata de balancearlo en una pata, o aun en dos. Nuestros Tres Legados deben permanecer intactos. En Recuperación, nos quedamos sobrios juntos; en Unidad, trabajamos juntos por el bien de nuestros Pasos y nuestras Tradiciones; y en Servicio — damos a otros gratuitamente lo que se nos ha dado".

Uno de los mejores regalos de mi vida ha sido saber que yo no tendré mensaje que dar a menos que me recupere en Unidad con los principios de A.A.

UNA "SANA Y FELIZ UTILIDAD"

Hemos llegado al convencimiento de que Él quisiera que tuviéramos la cabeza con Él en las nubes, pero que nuestros pies deben estar firmemente plantados en la tierra. Aquí es donde están nuestros compañeros de viaje y donde tiene que realizarse nuestro trabajo. Estas son nuestras realidades. No hemos encontrado nada incompatible entre una poderosa experiencia espiritual y una vida de sana y feliz utilidad.

ALCOHÓLICOS ANÓNIMOS, p. 130

Todas las oraciones y meditaciones del mundo no me ayudarán a menos que estén acompañadas de la acción. Practicar los principios en todos mis asuntos me muestra el cuidado que tiene Dios en todos los aspectos de mi vida. Dios aparece en mi mundo cuando yo me hago a un lado y permito que entre Él.

EN PAZ CON LA VIDA

Cada día es un día en el que tenemos que llevar la visión de la voluntad de Dios a todos nuestros actos: "Cómo puedo servirte mejor; hágase Tu Voluntad (no la mía)".

ALCOHÓLICOS ANÓNIMOS, p. 85

Yo leo estas frases todas las mañanas para empezar mi día, porque es un constante recordatorio de "practicar estos principios en todos mis asuntos". Cuando mantengo la voluntad de Dios en el primer plano de mis pensamientos, puedo hacer lo que *debo* estar haciendo, y eso me pone en paz con la vida, conmigo y con Dios.

ACEPTAR ÉXITOS O FRACASOS

Además, ¿cómo vamos a enfrentarnos con los aparentes fracasos o éxitos? ¿Podemos ahora aceptar y ajustarnos a cualquiera de ellos sin desesperación ni arrogancia? ¿Podemos aceptar la pobreza, la enfermedad, la soledad y la aflicción con valor y serenidad? ¿Podemos contentarnos, sin vacilar, con las satisfacciones más humildes, pero a veces más duraderas, cuando nos vemos privados de los logros más brillantes y espectaculares?

DOCE PASOS Y DOCE TRADICIONES, p. 110

Después que encontré a A.A. y dejé de beber, tardé algún tiempo en entender por qué el Primer Paso contiene dos partes; mi impotencia ante el alcohol y la ingobernabilidad de mi vida. De la misma manera, por mucho tiempo yo creía que para estar acorde con los Doce Pasos, me bastaba "llevar este mensaje a los alcohólicos". Esto era apresurar las cosas. Me estaba olvidando de que había un total de Doce Pasos y además que el Duodécimo Paso tenía más de una parte. Por fin me di cuenta de que para mí era necesario "practicar estos principios" en todos los aspectos de mi vida. Al practicar completamente todos los Doce Pasos, no solamente me mantengo sobrio y ayudo a otro a lograr la sobriedad, sino que también transformo mis dificultades con la vida en una alegría de vivir.

RESOLVER LOS PROBLEMAS

"Más importante fue el descubrimiento de que se-
rían los principios espirituales los que resolverían
mis problemas".

ALCOHÓLICOS ANÓNIMOS, p. 42

Por medio del proceso de recuperación descrito en el Libro Grande, he llegado a darme cuenta de que las mismas instrucciones que dan resultado para mi alcoholismo, lo dan también para muchas otras cosas. Cada vez que me enojo o me siento frustrado, considero el asunto como una manifestación de mi problema principal, el alcoholismo. Mientras "camino" con mis Pasos, mi dificultad está resuelta generalmente mucho antes de haber llegado a la Doceava "sugerencia", y aquellas dificultades que persisten son remediadas cuando me esfuerzo por llevar el mensaje a alguien. ¡Estos principios son los que resuelven mis problemas! Nunca he encontrado una excepción y he sido conducido a una manera de vivir que es gratificadora y útil.

PREPÁRATE Y PRESÉNTATE

En A.A., nuestro objetivo no es únicamente la sobriedad — tratamos de hacernos nuevamente ciudadanos del mundo que una vez rechazamos, y que un día nos rechazó. Esta es la demostración final hacia la cual el trabajo de Paso Doce es el primer paso, pero no el último.

COMO LO VE BILL, p. 21

En inglés hay un refrán que dice *"Suit up and show up"*, que se puede traducir como, "Prepárate y preséntate". Esta acción es tan importante que me gusta considerarla como mi máxima favorita. Cada día puedo optar por prepararme y presentarme, o no hacerlo. Presentarme a las reuniones es para mí empezar a sentirme parte de esa reunión, porque entonces puedo hacer lo que digo que haré. Puedo hablar con los recién llegados y puedo compartir mi experiencia; esto es lo que realmente significa credibilidad, honestidad y cortesía. Prepararme y presentarme son las acciones concretas que pongo en práctica en mi progresivo retorno a la vida normal.

LA ALEGRÍA DE VIVIR

...por eso, la alegría del buen vivir es el tema del Duodécimo Paso de A.A.

DOCE PASOS Y DOCE TRADICIONES, p. 122

A.A. es un programa alegre. Aun así, de vez en cuando me resisto a dar los pasos necesarios para progresar y me encuentro rehusando tomar las medidas que podrían brindarme la alegría que tanto deseo. No me resistiría si aquellas acciones no tocaran algún aspecto vulnerable de mi vida, una parte que necesita esperanza y satisfacción. Repetidas experiencias de alegría tienden a suavizar las duras aristas exteriores de mi ego. Ahí reside el poder de la alegría para ayudar a todos los miembros de A.A.

ANONIMATO

El anonimato es la base espiritual de todas nuestras Tradiciones, recordándonos siempre anteponer los principios a las personalidades.

ALCOHÓLICOS ANÓNIMOS, p. 515

La Tradición Doce llegó a ser importante en los primeros días de mi sobriedad y, junto con los Doce Pasos, continúa siendo necesaria para mi recuperación. Después de unirme a la Comunidad me dí cuenta de que tenía problemas de personalidad, así que, cuando lo oí por primera vez, el mensaje de la Tradición estaba muy claro: existe una manera inmediata para, conjuntamente con otros, hacer frente a mi alcoholismo y sus acompañantes, la ira y las actitudes defensivas y ofensivas. Consideré la Tradición Doce como un gran desinflador del ego; me alivió de mi ira y me dio la oportunidad de utilizar los principios del programa. Todos los Pasos, y esta Tradición en particular, me han guiado por décadas de sobriedad continua. Estoy agradecido a aquellos que estaban aquí cuando yo los necesitaba.

RESOLUCIONES DIARIAS

*La idea de "vivir un plan de 24 horas" se aplica pri-
mordialmente a la vida emocional del individuo. Desde el punto de vista emocional, no debemos vivir en el
ayer, ni en el mañana.*

COMO LO VE BILL, p. 284

Un Año Nuevo: 12 meses, 52 semanas, 365 días,
8,760 horas, 525,600 minutos —una ocasión de
considerar direcciones, objetivos y acciones. Tengo
que hacer algunos planes para vivir una vida normal, pero también tengo que vivir emocionalmente
dentro de un marco de veinticuatro horas, porque
así no tengo que hacer resoluciones de Año Nuevo.
Puedo hacer de cada día un día de Año Nuevo.
Puedo decidir, "Hoy haré esto… Hoy haré aque-
llo…". Cada día puedo medir mi vida y tratar de
hacerlo un poquito mejor, decidir seguir la voluntad
de Dios y hacer un esfuerzo para poner en acción
los principios de nuestro programa de A.A.

LOS DOCE PASOS DE
ALCOHÓLICOS ANÓNIMOS

1.—Admitimos que éramos impotentes ante el alcohol, que nuestras vidas se habían vuelto ingobernables.

2.—Llegamos a creer que un Poder superior a nosotros mismos podría devolvernos el sano juicio.

3.—Decidimos poner nuestras voluntades y nuestras vidas al cuidado de Dios, como nosotros lo concebimos.

4.—Sin temor hicimos un minucioso inventario moral de nosotros mismos

5.—Admitimos ante Dios, ante nosotros mismos, y ante otro ser humano, la naturaleza exacta de nuestros defectos.

6.—Estuvimos enteramente dispuestos a dejar que Dios nos liberase de todos estos defectos de carácter.

7.—Humildemente le pedimos que nos liberase de nuestros defectos.

8.—Hicimos una lista de todas aquellas personas a quienes habíamos ofendido y estuvimos dispuestos a reparar el daño que les causamos.

9.—Reparamos directamente a cuantos nos fue posible el daño causado, excepto cuando el hacerlo implicaba perjuicio para ellos o para otros.

10.—Continuamos haciendo nuestro inventario personal y cuando nos equivocábamos lo admitíamos inmediatamente.

11.—Buscamos a través de la oración y la meditación mejorar nuestro contacto consciente con Dios, como nosotros lo concebimos, pidiéndole solamente que nos dejase conocer su voluntad para con nosotros y nos diese la fortaleza para cumplirla.

12.—Habiendo obtenido un despertar espiritual como resultado de estos pasos, tratamos de llevar este mensaje a otros alcohólicos y de practicar estos principios en todos nuestros asuntos.

LAS DOCE TRADICIONES DE
ALCOHÓLICOS ANÓNIMOS

1.—Nuestro bienestar común debe tener la preferencia; la recuperación personal depende de la unidad de A.A.

2.—Para el propósito de nuestro grupo sólo existe una autoridad fundamental: un Dios amoroso tal como se exprese en la conciencia de nuestro grupo. Nuestros líderes no son más que servidores de confianza. No gobiernan.

3.—El único requisito para ser miembro de A.A. es querer dejar de beber.

4.—Cada grupo debe ser autónomo, excepto en asuntos que afecten a otros grupos o a A.A., considerado como un todo.

5.—Cada grupo tiene un solo objetivo primordial: llevar el mensaje al alcohólico que aún está sufriendo.

6.—Un grupo de A.A. nunca debe respaldar, financiar o prestar el nombre de A.A. a ninguna entidad allegada o empresa ajena, para evitar que los problemas de dinero, propiedad y prestigio, nos desvíen de nuestro objetivo primordial.

7.—Todo grupo de A.A. debe mantenerse completamente a sí mismo, negándose a recibir contribuciones de afuera.

8.—A.A. nunca tendrá carácter profesional, pero nuestros centros de servicio pueden emplear trabajadores especiales.

9.—A.A. como tal nunca debe ser organizada; pero podemos crear juntas o comités de servicio que sean directamente responsables ante aquellos a quienes sirven.

10.—A.A. no tiene opinión acerca de asuntos ajenos a sus actividades; por consiguiente su nombre nunca debe mezclarse en polémicas públicas.

11.—Nuestra política de relaciones públicas se basa más bien en la atracción que en la promoción; necesitamos mantener siempre nuestro anonimato personal ante la prensa, la radio y el cine.

12.—El anonimato es la base espiritual de todas nuestras Tradiciones, recordándonos siempre anteponer los principios a las personalidades.

ÍNDICE
